自 序

一

　　作为北京师范大学教育基本理论研究院的一名"老教授"（2000 年晋升教授以来，已逾 20 年矣），我最多的写作当然是那些常常让一般社会大众失去阅读耐心的专业写作了。专业写作对于学术进步无比重要，但对于教育学专业知识的大众分享却效率极低。

　　好在我有文学的爱好，也有文学创作的经验。我常常吹牛说：在中国教育学界，能像本人一样在《诗刊》《青春》《清明》等刊物上发表诗歌、小说、散文作品者，屈指可数。故一半文学、一半专业的"教育随笔"，一直是我最为喜欢（也窃以为我最为擅长）的写作方式。

二

其实，"李白斗酒诗百篇"，文学首先是一种人生的姿态和生活的样式。靠写作养家糊口的职业作家，不过是文学史上很短暂的一种畸形发展的表征罢了。

除了让我不断有独立、悠然的精神滋养，文学还让我的专业想象力和写作效率大大提高，也让我一直保持教育随笔的写作。不过，我最自觉的教育随笔写作，应当集中在 2019—2021 年了。2019 年年底，应《北京教育》杂志的邀请，我开始按月写专栏，连续发表了教育随笔 12 篇（2020 年第 2 期到 2021 年第 1 期）。

由于是好友相约，所以我事先很认真地规划了这 12 篇随笔的内容结构。这个我命名为"杏坛拾叶"的随笔系列里，既有我对于当代教育时代背景的思考（《"新时代"与教育逻辑的转型》），也有我对教育目的（《不做"睁眼瞎"，才是接受教育的根本目的》）、师生关系（《说学生是教育的客体，有问题吗？》《回望"打他，就是看得起我！"——师生关系的中华文化坚守》)、教学活动（《好教学之"好"，其义不外乎三》）、德智体美劳诸育（《那些最为欠缺的，都是中国教育应当努力前行的方向》《德育与教育的两重关系》《为什么我们必须大大方方开展公民教育？》《美育之"用"，如何理解？》《劳动教育之新旧——我的三点忧虑》）、教育未来（《若只有科技，教育就没有未来》）、教师素养（《"好教师"应有的三种修炼》）的专业之思。由于几乎涉及了全部教育学的经典课题，故可以说"杏坛拾叶"的随笔系列，其实就是一本面向广大一线教育工作者、家长和全社会的"大众教育学"。

因为工作需要，我还积攒了一些专栏之外的类似于教育随笔的随性作品（访谈、演讲、序言等），也是我较为自得的专业思考＋感性表达，算作是对于上述系统的教育学写作的一个灵动的补充吧。

以上作品不仅得到杂志等纸质媒体的肯定，通过微信推送之后更是得到了许多读者朋友的好评。其中一些篇章受欢迎的程度，让我始料未及、受宠若惊。现在借"大夏书系"这个平台公开出版，也是希望与更多读者交流。

三

作为一个有生命意志的个体，我当然还会继续我的人生姿态、生活样式意义上的文学生涯。

当然，作为一个教育学的"专业人"，我更认为我们有面向大众传播教育学的天命。故我也会继续我的教育随笔创作，就像我一直会坚持我的"微信体"诗歌创作一样。

这本小书，既是教育学的专业交流，也是诗意安居方式的人生推荐。

希望本书对正在思考教育与人类未来、幸福人生的读者们有所裨益。

2021 年 10 月 10 日
于京师园三乐居

目 录

上编
那欠缺的，就是方向

1

"新时代"
与教育逻辑的转型
003

2

不做"睁眼瞎"，
才是接受教育的
根本目的
013

3

说学生是教育的客体，
有问题吗?
021

4

回望"打他，
就是看得起我!"
031

5

好教学之"好"，
其义不外乎三
044

7

德育与教育的
两重关系
068

6

那些最为欠缺的，
都是中国教育应当
努力前行的方向
055

8

为什么我们必须
大大方方开展
公民教育？
084

时代与逻辑

9

美育之"用"，
如何理解?
094

10

劳动教育之新旧
104

11

若只有科技，
教育就没有未来
114

12

"好教师"应有的
三种修炼
123

目录

下篇
修炼，从来都是你自己的旅行

1

高品质的教育必须
重视美育
135

2

教师德育专业化：
一个时代的新命题
146

3

师德建设，如
何迎接一个物
质丰裕的时代？
160

4

不变的德育
167

时代与逻辑

5

教育学，
教师宜读三种书

174

6

教育基本理论建设的
时代使命

187

7

修炼，从来都是
你自己的旅行

194

8

关怀与幸福都不是
容易的事情

198

上编

／

那欠缺的，
就是方向

1 / "新 时 代"
与 教 育 逻 辑 的 转 型

　　近年，"新时代"已是一个高频词。但"新"与"旧"相对，几乎每一个时代的人都可以认为自己处于某种意义上的"新时代"。那么，今天我们高频使用的这个"新时代"概念，是否有其真实的"新"内涵？什么才是当代中国社会发展"新时代"最重要的特征？"新时代"对教育发展意味着什么？

一、何谓"新时代"

　　关于"新时代"一个重要的表述，当然是 2017 年 10 月 18 日中共十九大报告所强调的"中国特色社会主义进入新时代"。其突出表征是，社会的主要矛盾已经从"人民日益增长的物质文化需要同落后的社会生产之间的矛盾"转变为"人民日益增长的美好生活需要和不平衡不充分的发展之间的矛盾"。这是一个基于中国社会主义建设历史进程的重要表述。另外一种表述则是着眼于国际政治的新格局，其特征就是许多人所谈论的当今世界面临着一个"百年未遇之大变局"——中国自身、世界各国（尤其是美国）都要学会面对的一个大变局——一个久经磨难、受尽屈辱的东方巨人的重新崛起。

而我个人的理解视角，更愿意聚焦于国人生活质量改进这一个更朴素也更宏大的历史节点——目前，中国社会已经解决了温饱问题，实现总体小康，正在走向"全面建成小康社会"这个目标。而据有关机构研究，"全面小康"的目标其实在 2018 年就已经基本实现[①]。

---

① 据 2019 年 11 月 21 日中国网报道，第三方机构竞争力智库和中国信息协会信用专业委员会在京联合发布《中国城市全面建成小康社会监测报告 2019》显示，2018 年，中国全面小康指数已经达到 99.18，全面小康目标已经基本实现。（http://photo.china.com.cn/2019–11/21/content_75433247.htm）（转下页）

虽然我们在许多方面与发达国家的水平尚有巨大差距，虽然迄今为止中国东中西部还有巨大的发展差距、少数地区或者群体的脱贫任务尚未彻底完成，但就中国的大历史而言，"全面建成小康社会"就不仅

（接上页）此外，2019 年，中国有两项发展指标具有划时代意义：一是人均 GDP 首次超过一万美元（国家统计局的数据显示，2019 年中国人均 GDP 达 10276 美元），二是恩格尔系数首次降到 30% 以下（国家统计局的数据显示，2019 年中国城乡居民平均恩格尔系数为 28.2%）。前者意味着中国稳稳占据中高收入国家水平，正在迈向高收入国家行列（按照 2020 年世界银行的标准，一个国家的人均 GNP 超过 12535 美元，就是高收入国家）；后者意味着中国社会生活已经进入"富裕"（或富足）国家水平（按照联合国标准，恩格尔系数在 20%~30% 区间的国家属于"富裕"国家）。

人均 GDP 首次超过一万美元、恩格尔系数首次降到 30% 以下，都是了不起的成就，但这两项指标中，恩格尔系数（食品支出总额占个人消费支出总额的比重）更为重要。因为国家一切发展的终极目标都只能是人民生活的改善，而恩格尔系数直接反映的就是人民生活水平的高低。虽然横向比较，我们与发达国家尚有不少差距，但若作纵向比较或历史考察，我们就要承认一个基本事实——中国历史已经进入了一个全新的发展阶段：几乎所有国民都摆脱了贫困，解决了温饱问题，进入了物质生活较为富足的"新时代"。

中国历史上有过不少强盛的时代，但任何一个"盛世"都没有解决几乎所有人的温饱问题，让人民衣食无忧。比如强盛的唐代有《卖炭翁》《茅屋为秋风所破歌》记载的苦难，富足的宋代有《水浒传》反映的民不聊生、官逼民反。所以，若依恩格尔系数首次降到 30% 以下这个标准，2019 年，是中国历史的一个最重要的里程碑——中国历史可以因此而划分为"2019 年之前"和"2019 年之后"两个阶段。故"2019 年之后"的中国，也可以说进入了"物质丰裕的时代"。

仅是"百年未遇之大变局",而可能是"千年未遇之大变局""万年未遇之大变局"了。因为历史上的中国人从来都没有过彻底解决温饱问题、进入"全面小康"社会。就像马克思说人类历史在共产主义实现之前都是"史前史"、真正的人类历史只有在每一个个体都能获得自由发展的共产主义社会才可能真正开始一样,我们也可以认定:没有彻底解决温饱问题的时代都是"旧时代",而"全面小康"目标基本实现的今天,当然就是中国人"新时代"的真正启元。

二、新时代教育逻辑的转型

"新时代"注定会影响中国社会与教育发展的方方面面。那么,"新时代"对教育发展意味着什么呢?

类似于中国社会发展的主要矛盾已经从"人民日益增长的物质文化需要同落后的社会生产之间的矛盾"转变为"人民日益增长的美好生活需要和不平衡不充分的发展之间的矛盾",新时代对教育发展的意味之最重要者,当是教育逻辑的转型——从教育的"饥饿逻辑"转型为教育的"小康逻辑"。

所谓教育的"饥饿逻辑",指的是民众在没有解决温饱的生活状态中,让孩子接受教育的重要、普遍甚或唯一的理由就是只有好好读书才"有饭吃"或者"有好饭吃"(反之当然就是"不读书,没饭吃")。在社会资源极度稀缺的条件下,上学是穷人彻底改变命运的主要途径之一。这也是尽管中国社会从上个世纪 80 年代就倡导"由应试教育向素质教育转型"而至今仍然未毕其功的社会原因。所谓教育的"小康逻辑",指的是在全社会实现小康目标的前提下,国人让孩子接受教育的理由会悄然改变——孩子们接受教育最重要的理由将转变为追求儿童当下和未来生活品质的提高(虽然接受教育才"有饭吃"的"饥饿逻辑"还会继续存在下去,但是其重要性会相对下降,甚至将越来越不是主要的理由)。因为全社会温饱问题已经解决,社会成员未来已经不存在"没饭吃"的问题,个体乃至整个社会的"优势需要"就肯定不再是解决"饥饿"问题了。按照心理学家马斯洛的观点,个体"饥饿"的时候,兴奋点当然是找食物;但若肚子已经饱了,人们会转而注意个体尊严及人生意义等精神需要。"如果生理需要和安全需要都很好地得到了满足，爱、感情和归属的需要就会产生……"① 也就是说，当一个人的低级需要或者基础需要得到满足之后，爱、感情和归属，获得尊重的需要以及真善美、自我实现等高级需要或者超越性需要就会成为"优势需要"。因此，教育类型或者范式的根本性变革就是大势所趋，而几十年来素质教育所诉求的"实践能力""创新能力"的培育等（实质上是马克思所言的有自由个性意味的人的全面发展），也就必然成为今天和未来教育生活的现实需求而非价值理想。

因此，类似于顺应社会主要矛盾转变的中国经济发展正在推进的"供给侧结构性改革"，中国社会也必须有适应新时代教育逻辑转型的教育"供给侧结构性改革"。

① 马斯洛：《动机与人格》，许金声等译，中国人民大学出版社2007年，第26页。

三、新时代教育应有的"供给侧结构性改革"

不同于某些技术型的细节改造，适应新时代教育逻辑转型的教育"供给侧结构性改革"，应当是一次教育事业的根本变革。其突出特征乃是教育本体性功能的回归、教育品质的提升。

教育"供给侧结构性改革"，首先意味着一些教育主题必将凸显。比如有关自由、平等、公平、正义、民主、法治、人权、国际理解、全球公民教育等与社会主义核心价值观、"人类命运共同体"密切相关的教育主题，都将成为最重要的教育内容。又如，所有现在在我们的教育生活里被边缘化、在发达国家教育生活里被普遍强调的体育、美育、德育、劳动教育、个性与创造性培养、批判性思维的培育等，都会慢慢成为大众关注并普遍希望加强的教育。原因都在于：当个体的生理需要、安全需要得到满足之后，人们对于社会关系的需要、获得尊重的需要、自我实现的需要等将成为国人普遍的优势需要。再加上全面小康社会中等收入群体（中产阶级）的迅速崛起，人们对于民主、法治、个性自由等也都会有更高、更普遍的需求。这些都需要中国教育作出及时的回应。

教育"供给侧结构性改革"，还意味着一些重要的教育变革终将发生。自由、平等、民主、法治不应是单向传授给儿童的美好德目，这些最美好的价值首先应该成为成人社会的核心价值、成为日常教育生活的价值根基。诸如学前教育的普惠化、高中教育的逐步普及、义务教育质量的提高、高考及整个教育评价系统的改革、高等教育品质的提升等具体的改革举措，是全面实现教育现代化的指标，也是中国社会治理现代化的组成部分之一，但这些改革措施更是对教育领域"人民日益增长的美好生活需要"的直接回应。与之相应，而我们也可以断定的是：新时代技术进步的实质意义应在于人的自由与解放。虽然目前教育的信息化步伐日益加快，大数据、AI 技术等高新科技在教育领域的应用也正在大大改变人们的教育生活。但是，若不能在实质上促进教与学的自由、帮助年轻一代在教育生活中获得学习愉悦和真实的人生意义，所有最时髦技术的应用都不会被视作真正意义上的教育改革。

总而言之，所有教育"供给侧结构性改革"都将有一个共同的理由，那就是新时代的教育必须服从新时代的教育逻辑。随着全面小康社会的建成，人们的"优势需要"即将甚至已经大大改变。而需要层次越高，教育消费者们就会越不容易被满足。在新时代，让人异化的教育终将被人唾弃，不讲公平正义的教育必将走向终结。对此，教育事业的领导者、参与者们都必须有最清醒的认识。

2019 年 12 月 14 日于京师园三乐居

发表于《北京教育》（普教版）2020 年第 2 期

上编

那欠缺的，就是方向

我怎么都觉得

春雪

更像你温暖的笑

微笑

2 // 不做"睁眼瞎"，才是接受教育的根本目的

一、何谓"睁眼瞎"

我是上个世纪60年代末上学的。那时因为"文革"，完全没有什么中考、高考压力问题。家里克服困难供我上学的唯一理由，就是父母反复对我说"不做睁眼瞎"了。至于什么叫"睁眼瞎"，当时只有模糊的理解。几十年后，老母亲在我北京的家里过春节的一个场景，让我切切实实、清清楚楚地感受了什么叫作"睁眼瞎"。

那一天上午，我静静地站在母亲的身后，看见老人在沙发上枯坐无聊，一会儿打开电视，一会儿关上电视，如此反复了好几次。而就在同一时间，在隔壁

的一个房间里，我的老父亲正在津津有味地阅读我推荐给他的小说《白鹿原》……母亲一生辛劳、聪慧，为家庭、社会贡献甚多。但就因为是文盲，即便是在文化最为丰裕的都城北京，即便是在满屋子都是书的教授儿子的家里，太多文化上的"美味佳肴"她都无福享用。而我的老父亲，一个上个世纪50年代速成的师范毕业生，在同一个时空里所能拥有的美好精神体验，当然就远远不止于阅读小说《白鹿原》了。在那一刻，我突然为一种时代造成的荒诞所震惊：母亲、父亲，这两位相濡以沫一生的老人，朝夕相处但实际上却身处截然不同的两个世界！

"睁眼瞎"，大概就是指你明明看清了许多符号，却无法读懂那些符号的意义吧。从某种意义上说，"睁眼瞎"的一生，就是在蒙昧状态中被局限着的生命历程。"不做睁眼瞎"，大概也就是百姓语言所能精确表达的教育目的了。

二、"睁眼瞎"的若干层级

人生没有从蒙昧的局限中超越的"睁眼瞎"状态，

其实包括了若干层级。而所谓接受教育、"不做睁眼瞎"，当然也可以理解为对这些层级的超越。

"睁眼瞎"状态的第一个层级，首先是人对自然世界的无知。现代人逐渐免于原始人对于风雨雷电等自然现象的不解与恐惧，完全得益于科学技术的日渐昌明。但即便是当代社会，仍然有许多人相信"神医"，迷信某一种食物可以包医百病等。可见一百年前五四运动所提倡的向"赛先生"（自然科学）学习，永远是教育事业必须完成的普度众生、让人摆脱愚昧的大功德。就像不识字连上厕所区分"男""女"都会显得困难那样，接受教育的最初也是最基本的意义，当是让人知道自然世界的真相与意义，以便高效率地工作与生活。儿童从对自然界的无知中超越出来，其实就是人类告别丛林历史的个体复演。

"睁眼瞎"状态的第二个层级，是人对社会关系的无知。孟子曾经感叹道："人之异于禽兽者，几希！"可见，明了社会关系的真相、在社会关系上获得启蒙并非易事。这是因为作为动物的一种，人按照趋利避害的"原则"生存是理所当然且不需要努力的本能。但从丛林时代开始，人类就是"社会性动物"，人之所以高于其他动物，其高明之处也在于我们能够合作，能够利他、贡献甚至牺牲。许多人不能在道德层面获得解放，一生都处于物欲写在脸上的"禽兽"状态，当然是十分可惜的事情。教育就是要让所有的学习者摆脱社会关系领域的蒙昧，获得教养，也获得只属于人的高贵与尊严。

"睁眼瞎"状态的第三个层级，是指人对意义人生的无知。关于"贾府的焦大不爱林妹妹"，一般人都只会注意到鲁迅所论述的审美的阶级性，但是很少人会去关心另外一个也许更为重要的教育课题：爱不爱某种美的事物，是否还需要某些特定审美能力作基础？同样，人生苦短，若不能与神圣事物建立联系，就难以获得真正的生命意义。许多蒙昧的生命，即便生活在审美和神圣体验的海洋里，也仍然会因为精神的饥渴而走向枯萎，原因就在于没有摆脱意义世界的蒙昧。因此，良好的教育当然不仅要教人科学、教人德性，还要帮助人在人生的趣味及意义上脱离苦海。而社会发展程度越高，人们通过教育探究人生意义的需求就越强烈。

日本教育家小原国芳曾经提倡，教育要追求健、富、真、善、美、圣等六种全面的价值。冯友兰先生也曾经按照人对于世界的"觉解"的不同而将人生分为自然境界、功利境界、道德境界、天地境界四个境界。而我们这里所谓的"不做睁眼瞎",其实也就是人借助教育让自己从不同层级的蒙昧状态中得救、获得生命的解放与超越而已!

三、教育也要"不忘初心"

教育当然要为个体的生计服务、为国家与社会的发展开发"人力资源"。但是教育首先应该是"让人成为一个人",教育也要"不忘初心"!

但什么才是教育的"初心"呢?一些教育的常识十分重要。

常识之一:对于个体来说,成就有意义的人生是最为重要的。无论是从自然、社会的蒙昧状态中获得解放,或者是在审美与意义的世界得以启蒙,教育的根本使命都是让每一个学习者的生命更为活泼、生活更为幸福、人生更有意义。所以,那种从幼儿园开始就择校,上好的小学是为了上好的中学、上好的中学是为了上好的大学、上好的大学是为了找到好的工作、最赚钱的工作等于幸福生活的逻辑是荒谬的——因为一个生活常识是：每一个收入阶层都有幸福和不幸福的人！学习音乐应该是为了进入美好的音乐王国而非只求考级过关，学习科学应当是因为领略科学世界的奇妙而非仅仅求得高分……如何让儿童因为学习本身的乐趣投入当下的学习，如何让一个醉心于考古的孩子报考历史系而非金融学院，我们的教育真的需要安定的心、找回真相、让智慧回归。

常识之二：对于社会来说，幸福与和谐的发展是最为重要的。民族国家的竞争是近代世界发展最重要的特征，而几乎所有国家都提倡"教育立国"的发展战略。为了民族复兴，我们也曾经明确要确立通过教育"使人口大国变成人力资源强国"这样的国家战略。这一点，其实与家长们都希望通过教育让孩子找到"好工作"的逻辑一样可以理解。但是若只讲这个单一逻辑，则会让人忘记社会发展的"初心"——让社会成员生活幸福。因此，如何通过制度变革让百姓在起点、过程、结果上获得更为公正、优质的教育，从接受不公平、低质量教育的痛苦中获得解放，应当成为当代中国教育最重要的追求。如果我们在经济上都要告别"有增长、无发展"的异化状态，那么在教育上如何促进社会公平正义与和谐发展，或者教育本身就应该成为公正、和谐、幸福的社会生活的一部分，就是理所当然的逻辑了。所谓教育现代化，最核心的指标无疑应当是教育制度与教育观念的现代化。而那种只讲升学率、破坏教育生态的制度模式与经济发展的旧逻辑其实是一丘之貉。

总之，教育学的常识是：教育既有工具性价值，更有本体性价值。只要努力，教育当然会帮助受教育者找到"好工作"，也能够让国家"变成人力资源强国"，但全社会都必须清楚的是：教育的根本目的不应当仅仅是这些工具性的目标。不做"睁眼瞎"——摆脱不同层次的蒙昧状态，提升受教育者的生命质量，才是接受教育的根本目的！

2019 年 12 月 14、24 日于京师园三乐居

发表于《北京教育》（普教版）2020 年第 3 期

你开花的娇喘

我都已经听到

只是我尚未启程

还陷落在

这旧季节的烦恼

花事叹

3 说学生是教育的客体，有问题吗？

　　假期朋友聚会，又一次谈到年轻一代"一代不如一代"的表现，诸如"太过自我"（实际上就是自私）、"没有理想"、"草莓一族"等时，一个朋友突然将矛头对准我所在的教育界：就是你们将孩子宠坏了，什么"主体性"，什么"快乐教育"，你们花了几十年时间干了件最大的蠢事！

　　我一时无语。公众对于教育的批评常常有道理，又没有道理。关键的问题是，教育工作者到底应该如何正确看待"将孩子宠坏了"的批评，在理论上则是如何准确看待学生的主体性。

一、说学生是主体，有问题吗

中国现代教育关于大力弘扬学生的主体性的主张，较远的大约可以追溯到20世纪20年代杜威来华（1919—1921年）所造就的民主主义教育思潮，最近一次则肇始于20世纪80年代关于谁是"教育主体"的教育基本理论大讨论。从本质上看，说学生是"主体"，尤其是承认其在学习中的主体地位，只不过说出了一个与时代无关的教育的事实与真相而已——因为在任何情形下，若没有学习者的学习动机和其他内在的心理条件（如认知能力、知识积累等），真正有效的学习都不会发生。也就是说，欲求教育的真实发生，你就不得不尊重学生的主体性（学习动机、个性、能动性等）。《论语·述而》里说："不愤不启，不悱不发。举一隅不以三隅反，则不复也。"说的既是教育的时机，也是学习主体状态对于教育的重要性。

当然，强调学生主体性也是教育现代化的精神追求之一。现代教育不仅要提高效率、尊重教育的规律性，还要告别等级社会，追求自由、平等、民主的价值。尊重学生、师生平等乃是现代教育伦理的核心内容之一。上个世纪80年代以来，实现教育现代化是中国教育发展一以贯之的时代主题。快乐教育、幸福教育、赏识教育、创造教育、素质教育等教育的时髦标签层出不穷，其实都是尊重学生主体性在教育现代化进程中的正常表现。鉴于个性、创造性等对于现在和未来、对于个体与社会的重要性，我们可以预计，表达方式可能千变万化，但"学生是主体"这一断语仍然会是中国教育最基本的理论主张和实践逻辑之一。

那么，"花了几十年时间干了件最大的蠢事"的指责就毫无道理吗？那倒也未必。因为年轻人中的确广泛存在着目中无人、个人主义、不思进取的种种表现，以及"啃老族""草莓族"等社会现象。这些虽然不能完全归咎于教育，但是也的确与现代教育对学生的过度绥靖有密切的关联。

尊重学生主体性固然没错，但许多教育工作者显然没有留意杜威当年的警告：进步主义教育中的教师不是更好当，而是更难当了！

二、说学生是客体，有问题吗

其实，说学生是主体没错，错就错在只说学生是主体。

在论证"学生是主体"的时候，许多教育理论工作者所大加挞伐的，就是将学生作为教育改造的"客体"，作为道德灌输的对象，作为存载知识的器皿，如此等等。但这时人们往往忘记了：学生本来就是我们教育要"改造"的对象。虽然不能强制灌输，但是学生确实要接受社会道德的规范，要通过有规矩的学习去掌握知识、提高能力。学生既是学习的主体，但同时也是教育所要建构的对象或客体。不谈对学生主体性的尊重，就不是现代教育；但不谈对学生客体性的尊重，也一定不是对儿童有教育性的尊重。这就如快乐教育、幸福教育、赏识教育等都要十分小心地界定什么是真正的"快乐""幸福"和"赏识"一样。如果对"快乐""幸福"的理解是肤浅的，那许多小朋友就只需要在教室里用手机尽情玩游戏就行了；如果"赏识"是无条件、无标准的，那除了宠坏孩子、将危险留给未来代价更大的自然惩罚之外，不会有更好的结果。

　　英国教育哲学家格特·比斯塔（Gert Biesta）在他的《超越学习》（中文版书名为《超越人本主义教育：与他者共存》）① 一书中曾经专门批评过将教育简单看成满足学习者（消费者）学习需求的"市场"逻辑。"把教育看成是一种经济交易行为，看成是一种满足学习需要的过程……是有问题的。因为它不仅曲解了学生的角色，而且也曲解了教育关系中教育专家的角色……这种角色与仅仅负责将商品交给顾客的店员的角色截然不同。"因为学生甚至家长都不一定知道孩子们真正的"需要"是什么，合理的教育目标等显然应该更多地让作为具有专业能力的教育机构和教育者去设定。目前也有一线教育工作者抱怨说："现在所谓的义务教育，只是强调国家要对教育对象尽教育的义务，而没有要求教育对象尽学习义务。九年时间里，混日子的学生比例越来越高，而教师毫无办法：反正

_____

① 格特·比斯塔：《超越人本主义教育：与他者共存》，杨超、冯娜译，北京师范大学出版社 2020 年版。

得升级，反正也不怕他混不到初三……"真可谓一针见血！须知：毫无要求的教育，一定不是健康的教育。

最近，当代中国社会一个毫无理性的教育观念正在得到纠正。这一错误观念就是：学生在接受教育过程中不能有任何意义上的惩罚。人们在强调教师不能体罚学生的教育伦理的同时，严重忽略了教师作为教育工作者"管教"学生的天命。惩罚从来都是中性的教育手段，教育伦理所真正要求的，不应是惩罚的绝对废除，而应当是惩罚之教育性的确保。2004 年，我就撰文批评过无条件否定教育惩罚的错误认识[①]，当时应和者寥寥。2019 年，教育部门出台有关教育惩戒权的法规却得到了较为广泛的社会共鸣，不少人开始留意、拥趸那篇 15 年前的旧文（一杂志微信推送后获得了创纪录的点赞）。虽有遗憾，但亡羊补牢未为晚也。

当代世界，弥漫着一种抽象而有害的"人道主义"思维。过分渲染学生主体性而断然否定其客体性的认识，其实就是这一抽象而有害的"人道主义"思维在

---

① 檀传宝：《论惩罚的教育意义及其实现》，《中国教育学刊》2004年第 2 期。

教育理论界的表现。

三、"不忘初心"即回到常识

综上所述，说"学生是主体""学生是客体"都没有问题。因为学生本来就既是主体又是客体，正如所有成年人既有自主性又得受约束一样。教育观念和实践要"不忘初心"，其实就是要恢复对于与学生地位界定相关联的教育真理与实践的常识性理解。这一理解至少包括两大方面：

第一，学习无负担是不可能的，减负的方向只在于教育品质的提升。改革开放以来的几十年，"课业负担过重"一直是推动教育改革最为感性、具体也最为持久的理由。但是，全社会都必须清楚认识的是：任何学习都需要一定的努力，没有任何课业负担的教育是不健康且不可能的。而且从趋势上讲，随着知识的爆炸性增长，整个人类学习的"课业负担"只会有增无减。因此，教育改革的重点不应在一味简单地以减少课时、消灭作业为目标。以提升儿童内在学习动机为核心的教育品质的提升，才是应对课业负担过重的真正出路。就像一个中学生的数学课作业，讨论布置5道题还是3道题更合适的意义极其有限，教师努力的重点应当转移到如何让学生为数学学习本身着迷上来。因为当一个喜欢数学的孩子满世界找难题挑战的时候，作业给孩子带来的就只有愉悦、辛苦，唯独没有负担和痛苦。

第二，规范无约束是不可能的，立德的关键在于引导与建构的统一。讨论对学生主体性的尊重之于德育最为重要的意义在于对强制灌输德育理念的拒绝。诚如品德心理学家科尔伯格所说，灌输既不是一种教授道德的方法，也不是一种道德的教育方法。前者讲的是灌输不可能有德育的实效；后者讲无视学生主体性的教育是不道德的。从整体上看，中国教育尚未完全从强制灌输的泥淖中走出来。但即便如此，教育者仍然应该明白的是，立德树人的前提，是要帮助学生"立德"。若对教育对象没有任何价值引导，若学生没有接受起码的社会规范学习，我们就是在以自由、尊重之名剥夺学生应有的教养、毁灭儿童应该有的生命质量。所以，有效德育不是只要教师的引导，或者任由学生在价值上"自由"建构，而是要实现教师的价值引导与学生对价值的自主建构的有机统一。用最美好的德育帮助学生成就最美好的人生，应当是全体教育人的使命。

需要说明的是，关于学生主体性尊重话题的讨论，其实以不同形式存在于不同的社会。美国对于进步主义教育的反思，日本对于"宽松教育""教育荒废"的批评等，本质上都是对同一个课题的思考，只是讨论的具体情境、话语略不同于中国而已。是故，如何教育性地尊重学生的主体性（个性、创造性、学习动机），乃是全世界教育都必须直面的严肃课题。

2020 年 1 月 20 日于京师园三乐居

发表于《北京教育》（普教版）2020 年第 6 期

上编　那欠缺的，就是方向

大地上零星的春色

犹如暮色里最早眨眼的星星

春
色

4 回望 "打他，就是看得起我！"
——师生关系的中华文化坚守

　　我最初比较自觉地反思师生关系的文化特性，是十多年前论述惩罚的教育意义及其实现的时候[①]。体罚，一度似乎是人人喊打的师德问题。但我记得第一天上学时，父亲曾经牵着我的手认真地对启蒙老师拜托说："调皮就打他。打他，就是看得起我！"后来一交流，许多和我年龄差不多的人竟然都有类似的教育故事。如今回望这些故事，足以让我们看到：中国传统的师生关系与当代日渐"西化"的师生关系曾经有着巨大

---

① 檀传宝：《论惩罚的教育意义及其实现》，《中国教育学刊》2004年第2期。

上编　那欠缺的，就是方向

031

的文化差异。而思考这一差异，对于教育的健康发展意义重大，因为无论中外或东西，教育的文化性毋庸置疑，无视这些差异既不利于中国，也不利于世界教育事业的发展。

大体说来，中国传统的师生关系，与西式的师生关系的文化差异，至少有三点。

一、师尊与教仆之别

在中国传统的师生关系中，教师地位极其崇高，而且有过较为充分的论证。

《论语》里记载子贡赞誉自己的老师孔子说："夫子之墙数仞，不得其门而入，不见宗庙之美，百官之富。得其门者，或寡矣！"（《论语·子张》）据说曲阜孔庙的第一道门——"万仞宫墙"，即得名于此。《论语》里类似的表达还有很多，最有名的当是颜渊对孔子的赞叹了："仰之弥高，钻之弥坚，瞻之在前，忽焉在后。夫子循循然善诱人，博我以文，约我以礼，欲罢不能。即竭吾才，如有所立卓尔。虽欲从之，末由也已。"（《论语·子罕》）尊师在中国成为传统文化的一大见证，当然就是"天地君亲师"作为牌位或条幅曾经世代供奉于百姓的中堂、祭祀的庙宇了。而中国人之所以尊师，当然是因为"非教不知生之族也"（《国语》），"君师者，治之本也"（《荀子》），"吾师道也""道之所存，师之所存也"（韩愈《师说》）等理由。"师道尊严"，原本是一个很好的命题，因为尊师的理由实质上是重道。倘若为师者不守师道，学生当然也就无须无条件地尊重"教师"这个空壳了。可惜这一命题在教育的现实中，渐渐被一些人演绎成单方面、等级制的教师为尊了。实在是一种性质上的蜕变与堕落！

与孔子相同的时代，古希腊时期的教师本来有两类，一类是教师，一类是"教仆"（Paedagogus）。教师，往往是那些肩负教育使命的德高望重者（多为贵族），他们与青少年形成较为亲密的榜样及辅导关系，从而引导儿童进入公共生活、成年社会；而教仆，则是专门行服侍、陪伴、辅导、监督职责的文化程度较高的奴隶（古罗马时期尤甚）。只可惜，西方文化传统中后来保留较多的教师身份意涵，是后者而非前者。即便保有某些尊严（如教仆可以监督、惩罚小主人），教仆的经济与社会地位仍然比较低，以至于近代小说

《简·爱》（夏洛蒂·勃朗特所著长篇小说）中家庭教师（简·爱）与男主人（罗切斯特）的爱情居然需要许多"勇敢"才能克服阶层差距的高高藩篱。加上教师、秘书等是现代西方女性走出家庭以后所能担任的几个主要职务之一，教师职业最初被视为"女性的工作"，所以在现当代西方社会，直到现在教师仍然是地位不高的普通"职业"或"专业"之一。这与受儒家文化浸染的东亚仍然残存着的对于教师崇高地位的敬畏、礼遇的文化心理，仍然有巨大的落差。

现代社会已越来越是一个"老师不像老师，学生不像学生""礼乐崩坏"的时代。

但理性地想，在任何社会、任何时代，一旦教师没有尊严、一旦教师的工作成为仅仅为顾客（学生、家长）提供"服务"的"生意"，整个教育事业就会随着自身神圣性的消逝而遭受灭顶之灾。"师道尊严"理念与风气的重建，可能是现代教育最重要的救赎之路之一。实现这一目标，固然要仰赖社会风气的建设，但对于教师来说，操之在我的努力当在：一要成为能够"传道受业解惑"的"道之所存"，二要自觉、坚决地维护教师的事业尊严、道义权威。我认为，这乃是师生关系的中华文化坚守的第一要义。

二、私亲与公事之分

中国传统的师生关系中，师生之间有广泛的"私亲"或"私谊"。

《论语》记载"伯牛有疾，子问之，自牖执其手，曰：'亡之，命矣夫！斯人也而有斯疾也！斯人也而有斯疾也！'"（《论语·雍也》）探视感染传染病的学生伯牛时，孔子心急如焚的心情溢于言表。《论语·先进》也记载"颜渊死，子哭之恸。从者曰：'子恸矣。'曰：'有恸乎？非夫人之为恸而谁为？'"能为爱徒去世而失声恸哭，足见为师者用情之深！在中国文化传统中，师生关系一旦确立，教师对学生就远非仅仅完成"传道受业解惑"工作那么简单。中国有"师父""一日为师终身为父"之说，讲的也是师生关系的"私人性"。"暮春者，春服既成，冠者五六人，童子六七人，浴乎沂，风乎舞雩，咏而归。"《论语》中"从游"这一段，其实就是对这类师生关系的生动写照。

幸福的师生关系都是一样的，西方教育中当然也不乏师生之间建立起深厚情谊的故事。但是很显然，与中式牵肠挂肚的私人性师生关系相比，西式的师生关系明显带有更多"公事公办"的色彩。由于在欧美国家教师只是一份工作，学生遇到困难教师提供的也不过是"专业"服务而已。教师的工作范围，也一般不会超出教室、办公室、校园。公与私的"领域"非常明晰。到了一定年龄，为了提防性骚扰等，不同性别的师生谈话，还必须让办公室的大门门户洞开（这一点，包括我在内的许多老派教师能够理解，但是仍然觉得悲哀，视为一种对教育事业的羞辱）。学生来了，按照师德与教学的规范公平对待；学生毕业了，彼此"挥一挥衣袖，不带走一片云彩"。从此，师生之间就会很少再有超越通过 Email 说"Hi"水平的牵挂了。哪里会像中国传统的学生，终生都要对恩师毕恭毕敬，偶有敢对老师不敬者多会被世人侧目或唾骂；而中国的老师们呢，直到今天，学生的未来、工作、婚姻、生儿育女，许多来自老师的关心，常常不亚于学生的父母！新冠疫情期间，我所供职的大学，居然有辅导员老师试图为"孩子"解决其糊涂网贷造成的经济困局，提议学校救助学生失业父母的故事发生。其理由堂堂正正："谁叫他／她是我的学生呢！"

中国师生关系的这一"私人性"，当然有弊也有利。有弊，首先是指这一师生关系容易形成师生的人身依附、门户之见等，其结果往往是公私不分。封建社会的老师与门生往往会在仕途上相互支持也相互牵连，当代中国许多教师和他们的徒子徒孙也组成"近亲繁殖"、排斥他人的门派，都是这一原因所致。有利，则是指它会增加师生关系的亲切感，在当代社会家庭破碎日渐严重、人际关系普遍疏离的生活境况中，若处置得当，这一有温度、有情感、具有东方性质的师生关系，就不失为关怀、护佑学生健康成长的有利教育因素。当然，斗转星移，中国、西方的师生关系都正在走向对方、潜移默化。西方有人（如教育学家诺丁斯）主张提升师生关系的关怀性（如延长师生相处的时间等）；东方教育也比过去更为强调教育的规则、公平，职业的分际等。未来有没有一种结合了中西方各自优势的师生关系存在？若有，自然是人类之福。当然，这里又再一次遇到了中华师生文化坚守的命题。

三、情境与规则之究

中国传统的师生关系中，情境讲究往往甚于规则追求。

孟懿子问孝。子曰："无违。"孟武伯问孝。子曰："父母唯其疾之忧。"子游问孝。子曰："今之孝者，是谓能养。至于犬马，皆能有养；不敬，何以别乎？"子夏问孝。子曰："色难。有事，弟子服其劳；有酒食，先生馔。曾是以为孝乎？"（《论语·为政》）同一问题，在不同情境之中答案并不相同。这既表明中国很早就有因材施教的教学智慧，也表明中国传统师生关系具有因人制宜的情境性。与此同时，中国人又认为"圣人无常师"——"孔子师郯子、苌弘、师襄、老聃。郯子之徒，其贤不及孔子。孔子曰：三人行，则必有我师。是故弟子不必不如师，师不必贤于弟子，闻道有先后，术业有专攻，如是而已"（韩愈《师说》）。《论语·先进》中那段"暮春者，春服既成，冠者五六人，童子六七人，浴乎沂，风乎舞雩，咏而归"，其实也可以视作师生之间情境性教育关系的精彩描述。

而理性、规则等追求则是西方文化的精粹之一。著名的苏格拉底之死，对于西方法治乃至整个文明的发展贡献极大（为了维护法律或正义的权威可以付出生命代价）。故西式的师生关系更多讲究的也是"规则"。比如全美教育协会（NEA）在其总共8项"对学生的承诺"中，最后两项规定就是"不得运用对学生的专业关系谋取私利；除不可避免的专业目的或法律要求外，不得公开于服务期间所获得的与学生有关的资料"。可见其对于师生关系"分际"及其规则的重视。老实说，在中国文化传统中，人们并非不知道人与人之间有法律、规矩，但我们可能一直都认为包括师生关系在内的社会规范应是礼乐教化在先的——这与西方文化对于一些"公正"规则的过分地执着有明显的文化差异。中国传统师生关系中一些问题的处理，注重具体情境，而非刻板执行某些具体规则，有点像"父为子隐，子为父隐，直在其中矣"（《论语·子路》）。夫子所谓"父为子隐"并非鼓吹不要公正（"直"），而是说应当考虑有超越规则生硬应用的"天理人情"在。关怀教育思想家内尔·诺丁斯也说过："父亲可能会为了遵守普世的原则而牺牲自己的孩子；

母亲则可能为了保护孩子而牺牲原则。"① 大概也是这个
意思。

讲情境、讲规则，都不一定绝对对或错。良好的
师生关系，一定要超越简单或者两极的思维方式，既
要追求公正的规则，也要讲仁慈、宽恕。当代教育面
临着最为复杂的社会关系，也面临着不同价值观念的
剧烈纷争，广大教师常常进退失据、难有作为。在综
合判断基础上实现教育伦理的坚守十分重要。因此，
如何在吸收西方教育文明的同时，又自觉保持、强健
中华教育文化的根基，是全体国人都应当承担的历史
使命。

以上中西师生关系的文化差异是文化类型的大致
归纳，不宜将每一个具体教育案例都拿来一一比照。
这些文化差异的存在，实质上确证了师生关系的文化
特性。

"师生关系的文化特性"可以解释许多教育现象。
比如现实生活中许多家长往往片面强调学生人权、师

---

① Nel Noddings: *Caring: A Feminine Approach to Ethics and Moral Education*, University of California Press, 1984: 37.

生平等等民粹主张，其结果是几乎解除了惩戒权等教师的全部教育武装。这其实是西方价值观、教育文化未经反思而简单移植的结果。回望、反思过去"打他，就是看得起我！"所代表的传统教育文化也就显得十分必要。

又比如，中日韩等东亚国家的留学生在欧美大学的课堂里最初往往都比较"shy"（害羞）——发言不够踊跃、不敢挑战老师，也不一定是因为他们不够自信、没有创造性。更大的可能，应是身处儒家文化圈的我们有着尊师、谦逊、爱面子等文化传统惯习所致。也是因为这一点，我们就不难见证在西方教育体系中待得久的东亚学生很快就能学会"张牙舞爪"了。

自然，"师生关系的文化特性"这一表达本身，就已经拒绝了教育文化的殖民逻辑，中华文化坚守的意味也已不言而喻。现代社会，科技进步已经让当代师生关系走到了一个全新时代的门前。在未来教育中，师生交往的时间、场域、方式都一定会发生天翻地覆的变化。由于教育的情感关怀无法完全通过"虚拟现实"的途径予以"增强"，个性化教学也会让教师角色成为不可或缺的学习向导与"陪伴者"，未来师生关系的上述文化特性不仅不会削弱，反而会逐渐强化。从这个意义上说，在"文明互鉴"的基础上实现师生关系中的中华文化坚守，既是中国教育与文化发展的需要，也是世界教育与文明进步的活水。中国教育工作者尤其应有此文化的自觉。

2020 年 4 月 24 日、5 月 15 日于京师园三乐居

发表于《北京教育》（普教版）2020 年第 8 期

时代与逻辑

青蕊吟

三季勤积蓄，
须臾一春晖。
摩肩赏花盛，
几人识青蕊？

5　好教学之"好"，
　　其义不外乎三

　　到底什么样的教学才是"好的教学"？学生、家长，尤其是教师们自己，常常会这样发问。

　　我对这一问题的思考，最早可以溯源到自己上高一时的数学课。1977 年，教我们数学的夏老师（后来成为安徽省第一批特级教师）每天都笑眯眯地走进教室，然后慢条斯理地问大家："昨天，我们都学了些什么？"而后循循善诱地再问："今天，如果增加一个条件，我们该怎么办？"再然后，开讲新课、解析例题、布置作业……直到大学时代学到教育学尤其是学科教学法时，我才恍然大悟：原来我们夏老师每天成功教学的最大的秘密，不过是他娴熟而忠实地应用了教学五环节理论而已！

一、好的教学，一定效率高

夏老师的数学课就像他亲切的微笑，曾经让我们整日里如沐春风。除了不断提高学习成绩，还能让我们保持最持久的学习兴趣、挑战难题的勇气等。所以我一直坚定地认为，"好的教学"的第一"好"（标准），就是效率高——在好的教学里，学生学业成绩好（分子大），同时还学得轻松，甚至愉快（分母小）。而坏的教学之所以"十恶不赦"，也就是因为教师在教学时往往"以其昏昏，使人昭昭"，不仅学生们学业成绩糟糕，而且还学得痛苦、绝望，最可怕的是，还可能慢慢丧失内在学习兴趣和创造性等——总之代价太大。

要求得教学的高效率，就需要教师努力修炼两种专业：一是学科专业（比如数学老师要精通数学），二是教育专业（掌握教育学、心理学、教学法等）。老木匠有手艺才能教小木匠，武林高手才能教出功夫门徒。教什么就要会什么，自古皆然。教师要努力修炼自己的学科专业，这是理所当然的。但现代教师与古

上编 那欠缺的，就是方向

代教师的本质区别，却不在于其有学科专业，而在于有教育专业。人类教育事业越往后发展，教师教育专业的水平及重要性就越高。诸如学习兴趣的调动、教学目标的确定、教学内容的规划、教学环节的安排、教学方法的选择等，教师对教育规律的娴熟把握，乃是现代专业性教学区别于古代经验型教学的根本特征。

我们仅以教育心理学上耶克斯－多德森定律（The Yerkes–Dodson Law）的应用来说说掌握教学规律有多重要吧。耶克斯－多德森定律其实就是说中等焦虑程度最有利于学习，或者说，任务难度适中最能让学生具有学习动机——因为难度过低，会让学生觉得没意思；任务太难，会让学生觉得没可能完成，也会失去挑战的兴趣。理解、掌握了这一定律，就要求教育者（教师、家长等）要依据自己教学对象的实际（年龄、储备、个性等）安排难度适中的教学，将抽象的"因材施教原则"具体落实到教学的目标设定、内容安排、方法选择上。同时这个"适中"还要与"高难度原则"等结合起来辩证理解。否则，教师的教学效率当然就会大打折扣，折腾学生也折腾自己。

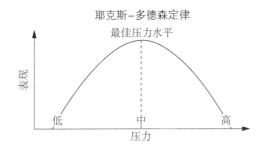

耶克斯-多德森定律

最佳压力水平

表现

低　　　中　　　高

压力

　　现代教学在过程、形式、方式、方法等方面的探索丰富多彩，但是万变不离其宗的地方，一定是把握教育规律、提高教学效率。而教学效率能否提高，更会在本质上关系到学习者在教学过程中是被人道对待还是被奴役的严肃课题——这已经是一个教育伦理问题了。

二、好的教学，一定讲道德

　　如前所述，"好的教学"一定教学效率高，而这意味着在这一教学里学生的学业成绩好（分子大），同时还学得轻松，甚至愉快（分母小）。但是教学效率所涉及的分子、分母及其计算却不只是一个数学问题。比如好教师一定会意识到完整教学的分子内涵，远远不

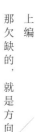

上编

那欠缺的，就是方向

只是考试得分，更重要的还有真善美等价值的习得，以及学生内在的学习兴趣、异想天开的想象力、创造性、批判能力的培育等。而对教学分母的全面理解，也一定不仅仅包括学生的青春、精力投入，还包括家庭、社会资源的付出等。不关注这一分子、分母的老师，一定不是好老师。故好的教学，也一定是讲道德的教学。

当然，这里所谓"讲道德"的教学，具有最广泛的意味。其要义有三：一为发育道德，二为恪守师道，三为担当道义。

所谓"发育道德"，就是所有学科教学都要有最自觉、自然、亲切的道德教育。所有学科都有直接德育的机会，比如课堂纪律坏了需要维持、学科教学里的道德成分需要凸显等。学科教学里的德育由于能够因势利导，常常事半功倍。此外，所有学科教学也都能发展科学思维、理性人格及积极的世界观、人生观等——即便数理化生也是如此，遑论价值性更强的人文社会学科对人格的涵养了。而教学方式、师生互动、教学空间的布局等隐性存在的德育影响，则更有润物无声的功效。所以，哪怕是一堂纯粹的物理课，仍然有直接、间接、隐性课程意义上的德育存在。而每一次好的教学，对学生来说都必定是一种春风化雨式的道德教育。

道德应见于行动，而非止于说教。教师在开展德育时话说得再漂亮，若无身教的支持，也只会让学生见证虚伪。故所谓"恪守师道"，就是指教师必须以身立教，行最人道的教育。教师是一个对象性的概念，说你是教师，是因为你的工作是教育学生——就像说你是父母，就意味着你一定有孩子一样。故与学生交往时不行仁慈之爱、不行正义之道的老师，是罪孽最为深重之人。当然，所谓人道、仁爱、正义，也都首先应该表现在日常教学的完美里——因为完美的教学里必有师道在。能够高效教学至少表明你敬业、不希望误人子弟；而倘若脱离日常教学高谈师德，就不是师德的恪守，而只是师德的空谈了。

所谓"担当道义"，就是要有最大气的教学，让学生有勇往直前、担当天下的气魄。好的教学向来是能够给学生精气神的营养的。没有什么比培养"精致的利己主义者"更为可怕的教学，也没有什么比让学生拥有一个大气的人生更为重要的教学任务。这就好像语文若只讲字词句语法修辞而不讲文以载道、天下担当，就像数学若只讲四则运算几何代数而不讲科学精神、真理追求，如此做派顶多是一种教书匠的劳作，算不得真正上乘的教学。回想一下我们成年人已经受过的教育吧，那些让我们印象深刻的老师，永远都是那些曾经让我们振聋发聩、荡气回肠、如坐春风过的君子！

所以，"好的教学"所求之"道德"，对于教师来说，与其说是教学专业的要求，毋宁说是人生修养的挑战。故自古经师易找、人师难寻，也就不难理解。而教育行业里的有志者，一定要立志做人师。

三、好的教学，一定有美感

"那些让我们印象深刻的老师，永远都是那些曾经让我们振聋发聩、荡气回肠、如坐春风过的君子"，意味着"好的教学"一定是某种教学之美的完成。

教学的美感可以表现的主要维度，在于美育、学科之美、教育之美。

美育在一般人眼里等于艺术教育，实在太过狭隘。

做教师的一定要做良好生活的诠释者，其中最重要的就是要有审美的态度与气质，就是说：你可以不会弹奏钢琴，但你一定要能够欣赏蓝天白云。就像好教师一定会承担德育的责任，所有的学科教学也应该可以因势利导开展美育活动。除了相机开展与学科教学相关的艺术教育，教师对于生活美学的自觉与应用最为重要，就像苏霍姆林斯基常常让孩子观察花园里的玫瑰，带孩子进入秋天的森林那样。

呈现学科之美，对于完美教学至关重要。要想"学生学业成绩好（分子大），同时还学得轻松，甚至愉快（分母小）"，或者，若希望孩子在我们的教学中得到"最人道的对待"，我们就不能简单地采用减少作业分量、降低课业标准这种无能、弱智的教育选择。好的教师必须有能力最充分地展示自己所任学科的魅力（学科之美），用学习内容本身的美好让学生兴味无穷、勤奋学习、有持续努力的内在动力。学科之美不仅能够激发学生的学习热情，也可以反过来增强教师学科教学的自豪感、成就感。实际生活里那些为自己学科由衷骄傲的好老师，往往首先都是已经充分领悟过学科之美的人。教师所要做的，就是将自己学科里

"魔法"的神奇在学生面前展示出来，并将"魔法"及其奥秘教给孩子们。

学科之美的展示，离不开教育之美的塑造。好的教学，可能有艺术手段的恰当运用、教学叙事的精巧设计、课堂节奏的良好把握等；好的教学本身，也一定有教师人格之美、教育境界之美的存在。很多时候，教师酣畅淋漓地完成了一堂成功的教学，学生如沐春风地接受了一次完美的学科教育，师生双方都"如在梦中"，当下不一定能意识到他们刚刚完成或者欣赏过了一种教学的美，但是那种让人不亦乐乎、回味无穷的教学之美却实实在在地存在过——这与我们在剧院里看完一场完美的舞蹈表演、听完一场优美的音乐会相比，实在只有审美形态之别。兼顾教学的技术与境界之美，是自古至今所有好教学的统一特征。

中国自古就有诗教、乐教的传统，确立教育的美学观、建立教育活动的第三标准[1]——审美标准更是克服当代教学异化、推进教育质量提升的基本原则之一。

---

[1]　参见拙文《教育活动评价的第三标准》,《中国教育报》1997 年 2 月 27 日"教育科学"版等。

好的教学，一定是，也必须是有美感的教学。

　　阅读到本文的结尾，读者也许会大呼上当。因为絮叨半天，其实不过讲了一个教育常识："好的教学"必须符合真、善、美三大标准。而且，哪一种良好的人类实践能不符合这三大最基本的标准呢？但读者也可能莞尔一笑——因为无论效率、道德、美感，这些常识的哪一条，我们的日常教学也许都没有做得很好。教书育人者，与其忙于用一些玄之又玄的词汇去包装内涵贫乏的教育思想，远不如在教育实践上回到本心与常识、用不断提高的教育专业性来切实提升教育的品质来得更为实在。

2020 年 4 月 8 日于京师园三乐居

发表于《北京教育》（普教版）2020 年第 7 期

上编
那欠缺的，就是方向

初夏遇红叶

如果季节
可以是一种空间
那么人生
就应当成为某种姿态

6 // 那些最为欠缺的，
都是中国教育应当
努力前行的方向

经过几十年的艰苦奋斗，若仅仅从规模上说，中国无疑已经成为了世界教育"大国"。我们拥有世界最大规模的基础教育、高等教育，每年的工程师、博士帽等"产量"也稳居世界第一。

但迄今为止，我们又并非世界教育的"强国"。如果要遴选一项中国"入超"最多的行业，也许就是教育了。新冠疫情在欧美爆发后国人才赫然发现，原来从小学阶段起中国就已输出了为数众多的"少年留学生"！大量"少年留学生"存在，已经明确表明社会大众对于中国教育的失望，也从一个侧面凿凿佐证了中国教育的巨大缺失。

那么，中国教育，到底欠缺了些什么呢?

一、中国教育到底缺什么

一般人会认为：中国教育是"智育第一"的，最不缺的应该就是"智育"了。殊不知，这完全是个错觉！而这一错觉产生的主要原因是：大众往往将智力等同于记忆，将智育等同于考分了。

按照常识，智育的重要任务之一，当然是要发展学生的"智力"。而所谓智力，传统的定义是指人认识、理解客观事物并运用知识、经验等解决问题的能力，它至少应包括记忆、观察、想象、思考、判断能力等。当代心理学更有许多超越传统的智力概念理解。比如，加德纳就认为智力定义不应过于狭窄，人类至少有逻辑、语言、空间、音乐、肢体运作、内省、人际、自 然（naturalist）、生 存 智 慧（existential）等"多元智力"；斯腾伯格则认为人生的成功主要不是靠智商（IQ），而是取决于"成功智力"（successful intelligence）——就是为了达成目标去适应环境、改变环境和选择环境的能力；另一位心理学家珀金斯，则提出了"真智力"（true intelligence）的概念，他所谓的真智力包含神经智力（neural intelligence）、经验智力（experiential intelligence）、反省智力（reflective intelligence）。由此可以想象，如果将智力等同于记忆能力，又将记忆能力窄化为机械记忆（排除了意义识记能力），是多么狭隘、荒唐的智力观！由此推演出的教育实践，又怎么可能有培育完整智力的真正的"智育"?!

以考分为最重要追求的"应试教育"最为恐怖的地方正在于：教育只强调死记硬背（强调机械记忆的教育，连记忆能力的培育都不完整），扼杀记忆力之外的观察、想象、思考、判断等能力发展的可能，至于"多元智力""成功智力""经验智力""反省智力"，更不在其目标范围之内。所以，这样的教育，在本质上不是健全的"智育"！

如果连健全的智育都不存在，则中国教育中德育、体育、美育之不足，就几乎不需要论证了。德育在中国教育系统中占有的时间并不少，但即便如此，在现实生活中也仍然是"说起来重要，忙起来忘掉"的，遑论还有实效性极低等问题长期挥之不去。故教育之殇，首在德育。至于体育、美育，在中西部地区许多学校根本就没有合格的师资、基本的设备，故鲜有学校会按照教育部的统一要求开全国家规定的音、体、美等课程的。即便在北上广深等一线城市的教育现实中，学校挤占课时最多的，永远都是体育、艺术等"副科"。故体育、美育在教育现实生活中的边缘化，可谓心照不宣、由来已久。当然，"分分分，学生的命根"，如此的教育本也是许多病态追逐考分的家长与学校的共谋。这也就不难理解，为什么我们许多青少年、成年公民在道德、体能、审美表现上屡屡在关键时刻"掉链子"、普遍居于较低的水平了。

中国教育到底缺了些什么？若从面上分析，答案很明显：除了不缺对于考分片面、疯狂的追逐，我们的教育，面面俱缺！

二、实质性的缺失

恩格斯曾经赞赏傅里叶这样一个观点："在任何社

会中，妇女解放的程度是衡量普遍解放的天然尺度。"[1]
在教育领域，我们也完全可以说：德育、智育、美育、
体育以及劳动教育是否健全开展，也是衡量一国教育
品质、品位的天然尺度。

当然，中国教育缺失诸多，绝不仅仅是"面"上
的问题。"面"上诸问题的背后，教育上实质性的缺失
才是最令人担忧的。若我们仔细考察，就不难发现，
当前中国教育最为重要的实质性缺失，集中表现于以
下两点——

1. 健全公民人格的缺失

所谓"健全公民人格的缺失"其实是国民"魂魄"
的缺失，其主要表现有三。一是信仰严重缺失。许多
人在利益面前完全不讲原则、底线，因为他们秉持的
都是"我死后哪怕它洪水滔天"式的人生观。"吃相难
看"，是既缺"德"也缺"美"的。二是沉溺人身依
附。哪怕已经明列社会主义核心价值观了，许多人仍
然在心底拒不承认自由、平等、民主、法治等价值观。

---

[1] 《马克思恩格斯选集》第3卷，人民出版社1995年版，第610页。

他们乐于从人身依附中左右逢源、名利双收，在犬儒的日子中乐不思蜀，不以为耻、反以为荣。三是心理极度脆弱。人们固执地认为，自己的日子只能有白天不可有暗夜，只能有晴天不可有雨雪。于是，学生挨了批评就可跳楼，爱情有了压力便可轻生，不管哪个年龄段，"成人巨婴症"患者比比皆是。"天行健，君子以自强不息"，实在是说说容易，做起来难，教育起来更难。

总之，庸俗的功利主义已经毁灭了许多人的精神器官。在他们的眼里，除了分数（或利益），任何独立、自由、平等、正义的价值，任何道德、智慧、体能、审美素养的培育都是毫无意义的。故教育之病，既是果，也是因。而社会病与教育病的恶性循环，似乎看不见出口。总之"无根"与"缺钙"是我们教育面面俱缺、没有品位的根本原因。

2. 批判性思维的缺失

如果说"健全公民人格的缺失"是教育目的在教育内涵上的缺失，"批判性思维的缺失"则是教育目的在心理形式方面的缺失了。两者维度不一，但本质上又有着十分内在的关联。因为若不讲人格上的独立、自由（即没有公民人格），在思维品质上当然就是人云亦云、"没有脑子"（批判性思维缺失）了。

曾经有人建议将批判性思维（critical thinking）改译为"审慎性思辨"。一是希望在译法上对于传统文化有所接续（《中庸·第二十章》有云"博学之，审问之，慎思之，明辨之，笃行之"）；二来更想纠正将批判性思维理解为逢人必反的"造反"思维的错误认知，希望将这一概念的建设性凸显出来。但是我以为，问题根本不在译法（因为只换译法，若有人将"审慎性思辨"再理解错了，一样问题多多），而在于如何正本清源、准确理解批判性思维这一概念本身——批判性思维"通常被表述为一个中立、质疑、分析的过程""批判性思维在公共领域运用的首要目的，在于思考并评价由争议性问题导致的争论。这需要对意义和理解做连续不断的探寻，其目的并不在于赢得辩论，而在于理解基于不同立场的各种说法，或许，还能进一步找到争论的核心以便开启合作。运用批判性思维旨在为增进健康的人类关系、对强有力的参与式民主生活做出贡献"。[1]

在互联网、自媒体时代，很多人关于许多争议性问题的讨论，常常都是"没脑子"的：立场先行、乱贴标签，罔顾事实、不讲逻辑。如此，哪里来的"中立、质疑、分析的过程"？既然讨论的目的是为了"赢得辩论"（征服对手），大家也就无须讲任何道理了。所以，批判性思维的缺失本身，才是真正的问题所在。现实生活中许多人"没脑子"的种种可悲的表现，其实也就是因为他们完全没有或者自己放弃了独立思考的缘故。

三、"全面发展"的真正含义

面上的缺失、实质性的缺失，概括起来就是"全面发展"的缺失。而认真回顾、把握一个已显"古老"的教育理论——马克思的"人的全面发展"学说，对问题的解决可能是极为有益的方向。

———————————

[1] Nel Noddings and Laurie Brooks: *Teaching Controversial Issues: the Case for Critical Thinking and Moral Commitment in the Classroom*, Teachers College Press, 2017: 1.

关于"人的全面发展"，中国教育工作者记忆最为深刻的大概就是"体力和脑力的结合"这一理解了。新中国成立以后我们从这一"面"上的全面理解，先后演绎出了德智体、德智体美、德智体美劳以及"素质教育"（希望在"面"上一网打尽）等诸多教育方针的表述。

的确，马克思、恩格斯曾经明确指出过，共产主义社会将"给每一个人提供全面发展和表现自己全部的即体力和脑力的能力的机会"。[①]"社会调节着整个生产，因而使我有可能随我自己的心愿今天干这事，明天干那事，上午打猎，下午捕鱼，傍晚从事畜牧，晚饭后从事批判，但并不因此就使我成为一个猎人、渔夫、牧人或批判者。"[②]这也就是恩格斯所说的"体力和智力获得充分的自由的发展和运用"[③]了。

但是，许多人没太注意到："体力和智力获得充分的自由的发展和运用"中，"充分"之外还有"自由"；"上午打猎，下午捕鱼，傍晚从事畜牧，晚饭后从事批

---

① 《马克思恩格斯全集》第 3 卷，人民出版社 1972 年版，第 318 页。
② 《马克思恩格斯选集》第 1 卷，第 85 页。
③ 《马克思恩格斯选集》第 3 卷，第 322 页。

判"之后还有一句"但并不因此就使我成为一个猎人、渔夫、牧人或批判者"。与此同时，马克思关于"人的全面发展"的上述表达，是与他所强调的未来的（共产主义）社会是由"自由平等的生产者的联合体所构成的社会"，"代替那存在着阶级和阶级对立的资产阶级旧社会的，将是这样一个联合体，在那里，每个人的自由发展是一切人的自由发展的条件"[①]，是"建立在个人全面发展和他们共同的社会生产能力成为他们的社会财富这一基础上的自由个性"[②]等论述有机结合在一起的。"自由个性"是"全面发展"的另外一个更为重要的、更具"灵魂"性质的维度。或者说"全面发展"本身就内在含括了"个性自由"。

如此，马克思的"人的全面发展"从一开始就是立体的："全面发展"一方面是指体力、脑力的结合，是"体力和智力获得充分的自由的发展和运用"；另一方面，或者说体力、脑力的全面发展本身，就意味着"自由个性"的实现。如此，过去有学者指出过的

① 《马克思恩格斯选集》第 1 卷，第 454、273 页。
② 《马克思恩格斯全集》第 46 卷（上），人民出版社 1979 年版，第 104 页。

"素质教育"概念表达不如"全面发展"也就是完全正确的了。这是因为："素质"是一个中性词，没有针对性，而"人的全面发展"旗帜鲜明，针对的就是现代社会分工等导致的"人的片面发展"；更为重要的是，全面发展所内在具有的"自由个性"的特质，比需要临时拼凑具体特征（如实践性、创新性等）的素质教育概念更具理论的概括力。

马克思时代已经过去了一个多世纪，但"人的全面发展"理论迄今仍然具有强烈的现实批判性。如果人们对于马克思主义经典作家"人的全面发展"的论述有准确的把握，我们也许就并不需要满世界去找寻"先进"的教育理论了。中国教育欠缺最多的，不就是面上的"全面发展"（而非只要考分，德智体美劳什么都不要）和气质上的"自由个性"（公民人格、批判性思维等）吗？

中国教育，到底缺什么？综上所述，中国教育最缺"全面发展""自由个性"。这一点，从与发达国家教育的比较中也不难得到印证。许多教育工作者去欧美诸国参访，印象最深刻的，也一定是"人家的"学生比我们自己的学生发展更全面、更富有个性（或创造性）吧!

很显然，那些最为欠缺的，都是中国教育应当努力前行的方向!

2020 年 4 月 26 日，5 月 15、20 日，6 月 12 日
于京师园三乐居
发表于《北京教育》（普教版）2020 年第 9 期

前生为花

后世为芽

此刻的皮相

是不归的家

海棠果实

7 / 德育与教育的
两重关系

一、德育是一种"工作"吗

"德育是一种'工作'吗？"

这是我的好朋友华东师范大学黄向阳博士十多年前应邀来北京师范大学公民与道德教育研究中心演讲的一个题目。当年向阳博士引经据典、侃侃而谈，一时虏获一众粉丝。其主要观点是，道德教育应该是教育的目的、全部，而非学校一部分人的具体、专门的教育"工作"；说德育是"工作"自然大大小看了德育的重要性，不利于德育工作的有效开展。（其主要观点可以参考《德育：淡化"工作意识"，强化"目的意识"》一文。文章附后。）

一方面我深以为然，但另一方面我又有保留意见。原因是：若说道德是教育的目的，则目的总是需要通过具体的德育工作去"落实"的；若说德育不是教育的"全部"，则仍然需要说明德育与其他诸育（智育、体育、美育）的关系如何。

所以，对这一问题的探讨，在我看来，可以有另外一种思考的形式，即追问：德育与教育的关系到底为何？

二、德育与教育的两重关系

我对上述问题的追问，一直表达为：德育与教育有两重关系。具体说来，德育和教育的关系包括这样两重：一是部分与整体的关系；二是整体与整体的关系。

何谓"部分与整体的关系"？意思是，德育与其他教育，如智、体、美诸育一样，都是大的"教育"概念的分解或者具体。在承认这一关系的前提下，我们才能说"德育为首""德育是统帅""德育是灵魂""立德树人是教育的根本任务"等。也是因为这一逻辑的存在，在学校全部教育工作中具体的"德育工作"的概念仍然成立，因为没有这种"德育工作"概念，德育在教育实践中就会被抽象化、边缘化。这一点，可以从美国人一段时间内（20世纪四五十年代）认为"直接的德育是无效的"（杜威等人的观点）、否定直接德育课程设置，结果又因为只是强调"人人都是德育工作者"因而最终无人对德育负具体责任而重新回到加强直接德育的"老路"上去——复兴直接道德教育（20世纪六七十年代以科尔伯格、价值澄清理论为代表的"道德教育复兴运动"），尤其是在新"品德教育"（即20世纪80年代兴起的character education）的历史轨迹中得到证明。当许多对美国等发达国家教育一知半解者大谈"美国无德育"时，持论者其实只是了解了西方国家德育发展的一个历史片段或者德育现实的部分事实而已。

何谓"整体与整体的关系"？实际是说：由于教育本身具有正向的价值属性，"道德是教育的最高目的"（赫尔巴特的命题），全部教育都具有道德教育的性质；反之，当教育脱离"教人做好人"的"好"的属性时，则任何教育的具体工作都可能沦为某种"教唆"的危险境地（学好数理化也可能成为恐怖主义的帮凶）。故从这个角度看，道德教育（道德的教育）不存在，规范意义上的教育也就不存在了。所以只谈德育"为首""统帅"是教育的"灵魂""根本任务"等，对德育的重要意义肯定仍嫌不够。也是在这个意义上，黄向阳博士的观点才是正确、深刻的。

而上述德育与教育这种部分与整体的关系、整体与整体的关系，都是人类教育的客观事实，而非简单的教育价值。

三、如何做好德育"工作"

如果我们承认了以上两种德育与教育的关系，则意味着教育工作者应该也必须这样去思考、安排自己的德育工作——

第一，认真把握全部德育工作的具体形态。我一直认为，学校或者全部德育（包括家庭、社会德育）都包括直接德育（直接以德育为目标、主题的课程、活动等）、间接德育（不以德育为直接目标的各种教育活动）、隐性课程意义上的德育（课堂组织形式、师生关系、交往方式等对学生的人格影响）[①] 三种具体的形态，教育者要依据三种形态开展德育工作。当人们正确认识、把握了全部的德育形态时，德育与教育的两重关系也就同时都得到了认识上的肯定。而那些将德育完全等同于直接德育的认知，则不仅在德育与教育关系上有严重误读，也无疑将大大弱化教育工作者的德育自觉性与责任感、窄化德育实践的时间空间、妨碍德育工作因为考虑形态不同而有效开展工作的针对性努力。

第二，努力坚守全部教育工作的道德原则。承认德育与教育之部分与整体的关系、整体与整体的关系，其实也就意味着我们必须承认、确立两种教育观念：一是"道德教育"，二是"道德的教育"。当全部教育不再是"道德的教育"时，狭义的"道德教育"也就孤立无援，不可能获得应有的实效。2020年，常州一位小学语文老师一味要求学生"传递正能量"，其结果是我们失去了一位"世界上最可爱的天使"。这一惨

---

① 檀传宝：《德育原理》，北京师范大学出版社2013年版；《德育形态的历史演进与现实价值》，《教育研究》2014年第6期。

痛教训告诉我们，那些一般人误以为是纯粹"教育观念"的错误，本质上也是道德教育的错误。"教育观念杀人"的实质，就是不道德的教育在杀人。总之，教育是一种伦理性的社会实践，要做好真正的德育工作，全体教育工作者就都必须建立起对教育伦理的高度自觉。

对德育与教育的两重关系的深入考量，看起来似乎是一种纯粹教育理论上的"咬文嚼字"，但其实也是攸关德育工作成效高低、有无的教育实践哲学的努力。要真正"立德树人"、做好德育工作，教育工作者就不能不多多体会这两重关系。

2020 年 8 月 18—19 日于京师园三乐居

发表于《北京教育》（普教版）2020 年第 10 期

上编

那欠缺的，就是方向

附:

德育：淡化"工作意识"，强化"目的意识"
黄向阳

　　德育在我国教育中地位显赫，被视为学校"首要工作"。教育主管部门无不把德育当作最重要的工作来布置、督导、检查。学校领导在工作计划中无不把德育当作"首要工作"来安排，在工作总结中也无不把德育当作"首要工作"来总结。可是，如此重要的"工作"，为什么在实践中却没有受到应有的重视？即使受到重视，耗费了我们大量时间和精力，为什么实际效果还很不尽如人意？做德育"工作"为什么就这么难？

德育是工作吗

　　许多教育工作者试图在"教育工作"的框架中思考和解脱学校德育的困境。问题是：德育是工作吗？

　　学校有许多工作，如教学、管理、后勤服务等。

不同的工作由不同的人来做。教学，是由教师来做的工作；管理，是由领导来做的工作；后勤服务，是由辅助人员和勤杂人员来做的工作。如果德育也是一项工作，那么，它是谁的工作呢？你可能会说：它是所有老师的工作，人人都是德育工作者。果真如此的话，请问：在评定优秀德育工作者的时候，为什么许多像我这样的普通教师连参评资格也没有？我的意思并不是说我非得要评上优秀德育工作者，我是说我有资格参加评选。但实际上，除非我担任班主任、辅导员，否则评选优秀德育工作者时，学校根本就不会想到我。既然人人都是德育工作者，那么发德育工作津贴时，你我也应该有一份。可是，作为一名普通教师我从来没有得到过这样的待遇。既然德育是一项人人都要做的工作，那么政教处或德育处就应该管辖所有人的工作，可事实上它只管班主任和辅导员的工作。总之，学校的制度并不承认人人都是德育工作者。

　　看来，要让所有的教师都真正重视德育，参与德育，就不能把德育当作类似教学、管理的工作来抓。如果德育不是学校的一项具体工作，那它又是什么呢？回答这个问题，首先需要澄清：德育是一种什么性质的教育问题？德育在整个学校教育中处于何种地位？我们解决了这类问题，才有可能找到一些具体方法和措施，建立全员参与的德育机制。

德育代表使人为善的教育意图和努力

全员德育机制究竟需要一种什么样的德育观来支撑呢？我们能不能在教育中给德育以正确定性和定位，很大程度上取决于我们对教育的认识。

什么是教育？这个问题看似简单，仔细一想，却颇费思量。有的人教小孩偷东西，有的人在高考前动员学生在答好自己的试卷的同时发挥"团结互相"的精神，有的人带领全校师生造假、作秀以应付上级检查，诸如此类的勾当是教育吗？你或许会说：这是教育，不过是有害的教育。我则认为：这不是教育，而是教唆。我们之间表面上存在很大的分歧，实际上却立场一致——都反对偷盗，反对作弊，反对造假，都反对教人偷盗，反对教人作弊，反对教人造假。有所不同的，不过是我把"教育"当褒义词用，你把它当中性词用。无论把"教育"当作什么词来用，我们都对作为实践活动的教育有一种特别的期待——教育不仅是有目的的活动，它的目的还必须合乎道德；教育不仅是有意施加的影响，这种影响还必须出自善意。

使人为善，是教育的根本。《说文解字》对此作过非常精辟的解释："教，上所施下所效也。""育，养子使作善也。"教育必定包含使人为善、教人做人的意图和努力。正是根据这一特征或标准，我们能够明确地将"教育工作者"和"教唆犯"区分开来，将"教育"与"教""教唆"区分开来。这是我们把握德育的性质、给德育正确定位的关键。如果我们把"教育"等同于"教"，混同于"教唆"，就会迷失教育的方向，就会忽视和削弱德育。如果我们明确教育是一种包含使人为善的意图和目的的活动，我们就会清楚地看到，德育代表的就是这种使人为善的意图和努力。

德育是教育的最终目的

使人为善，是教育的道德目的，也是判断一种活动或影响是否属于"教育"的道德标准。满足这种标准的活动或影响，才堪称"教育"。

让我们来做一个思想实验。假定我精通保险箱的工作原理，向一群年轻人传授保险箱方面的知识和技能，我告诉他们保险箱有哪些类型，每种保险箱是什么结构、有什么特点、薄弱环节在哪里，我还告诉他们在不知道密码的情况下如何打开保险箱。我显然教了不少知识和技能，请问：我这是在教育，还是在教唆？你可能已经发现，这个问题很难回答。主要是因为我没有交待行动的目的。如果我的意图是培养一批能够设计和生产出更加安全、牢靠的保险箱的人的话，如果我的意图是培养一批给忘了保险箱密码的人提供特殊服务的人的话，那么，我就是在教育；如果我的意图是培养一批趁人不在时偷偷打开人家的保险箱、把里边的东西拿走的人的话，我就是在教唆。可见，传授知识和技能、开发智力的活动，是不是教育，是不是智育，取决于活动的意图。唯有包含使人为善的道德目的，促进智力发展的活动才是教育，才是智育。同样的道理，促进体力的发展，也只有服务于一定的道德目的，包含使人为善的意图，才是一种教育，才是教育意义上的"体育"。纯粹的健身运动或竞技运动，并不是名副其实的体育。

智育和体育最终都要落实到德育所代表的教育目的上。教育的全部工作都可以归结到道德上来，道德被普遍认为是人的最高目的，因而也是教育的最高目的（赫尔巴特）。教育的最终目的在于形成品格（杜威）。道德目的是教育的首要目的，它指引着其他目的（诺丁斯）。在贤明的教育工作者的视野中，德育不仅代表着教育目的的一个方面，而且代表着教育目的的最高层面。

"工作化"对德育的贬损

自近代以来，世界各地大致都以"目的－手段框架"建构教育的理论与实践体系，视德育、智育、体育、美育等为全面发展教育目的的基本组成部分，视教学、训育、管理、指导、服务等工作为全面实现教育目的的基本手段。按照常识，学校任何一方面的教育目的都应该通过学校各项工作来落实，学校任何一项工作都应该关注各方面教育目的的落实。而我们却不顾这种健全的常识，试图以不同的工作分别去落实不同的教育目的，设置所谓的"体育工作""德育工作"，甚至设置所谓的"智育工作""美育工作"。

在最近十多年里，我国学校德育"工作化"的趋势尤其明显。我们不仅在思想上把德育当"工作"看待，而且在行动中把德育当"工作"来抓，模仿教学工作，建立了一整套"德育工作"的制度与话语体系。中小学有教学工作规程和各科教学大纲，于是我们便制定《中小学德育工作规程》《小学德育纲要》《中学德育大纲》；各科教学由专职教师担任，于是我们也建立一支专兼职相结合的德育工作者队伍；为了加强对教学工作和德育工作的管理，我们把原先的教导处一分为二：教务处管教学，德育处或政教处管德育。如此分工，本意是为了加强学校德育。殊不知，如此定位德育，非但在实践中削弱了德育，降低了德育在学校教育中的地位，而且改变了德育的性质，从"教育目的"沦为了"教育手段"。

视德育为"教育目的"，意味着德育是学校各项工作的目的和归宿；而视德育为"教育工作"，意味着德育是和教学、管理、后勤服务相提并论的具体工作。从逻辑上说，相对于"德育工作"，学校的教学、管理和后勤服务等就属于"非德育工作"；从事德育的专兼职人员是"德育工作者"，而从事教学、管理、服务工作的人员就成了"非德育工作者"，教务处和总务处就成了"非德育机构"。实践也在不断证明，将德育设置成一项具体的工作，虽然强化了学校少数工作人员和机构的德育责任，却妨碍了学校更多的工作人员和机构参与学校德育，授予了普通教师推卸德育责任的借口，最终削弱学校的德育功能，甚至导致越加强德育"工作"，德育"工作"越难开展。

重建全员德育机制

教育之不同于教唆，教育者之不同于教唆犯，教育机构之不同于一般的培训机构，就在于教育包含使人为善的意图和努力。德育代表的就是这种教育意图和努力，它不是一项具体的工作，而是一切教育工作最终必须落实的目的，是全体教育工作者的共同责任。淡化德育的"工作意识"，强化德育的"目的意识"，似乎是当前我国学校重建全员德育机制需要解决的观念问题。

在这种观念的支持下，建议学校加强班级教师集体建设，实行班级教师集体德育责任制，使全体任课教师对学生各方面的发展负责；建议加强政教处或德育处对全校德育的领导和协调，特别是对各科教学中德育的指导，打破教务处与政教处分工的壁垒；建议教育主管部门对学校德育实施目标管理，而不把德育当工作来布置、检查和督导。

发表于《中国教育报》2007年2月6日第6版

时代与逻辑

不知道

喷薄而出的

是阳光

还是生命的底色

新鲜的草地

8　为什么我们必须大大方方开展公民教育？

对公民概念的美好体验最初来自小时候阅读过的一个故事。故事好像是说几位苏联少先队员在游戏，一个孩子被分配到一个哨位上"站岗"，后来被他的同伴完全忘记了。其他小伙伴们都回家了，夜色里只有这个孩子一直在那里"坚守岗位"，直到一个上尉军人走过来，认真行了一个军礼后对那个孩子说："任务已经完成。你可以回家了，公民！"那个孩子才郑重回礼，松了一口气回家去了。

小时候我并不知道"公民"确切、丰富的意涵，我只知道："公民"，那是一个多么神圣的称谓！

一、"公民"是一个美好的称谓

"公民"是什么？许多专家都有过精彩的分析。一些学者常常是将"公民"与相对或相近的概念如臣民、国民、人民、市民、居民等概念作比较，从而厘定公民概念的边界。我十分赞赏这些语义分析，但是我个人更愿意以最简单的方式接近这一概念："公民"的反面应该是"私民"。从与"私民"的对照中，我们更容易清楚地说明"公民"概念的本质——

"私民"的"私"，在这里主要有两层意涵：一个是"私有"之"私"，另一个是"私人"之"私"。前者意味着等级制度、人身依附，"私民"即"为别人所有的人"，其主要的形式是"臣民"（即有人曾经批评过的"某些人豢养的家奴"①）；后者则是我们一直批评的信奉"各人自扫门前雪，莫管他人瓦上霜"（完全不参与公共生活）人生哲学的、传统农业社会小农意义

---

① 《慎海雄：党员干部必须守纪律讲规矩》，人民网（www.people.com.cn）。

上的"农民"。

所以，现代社会所谓"公民"，其实就是每一个体区别于古代社会的社会政治身份。这一身份类似于中国人常说的"主人翁"。既然我们是"公民"或"主人翁"而不是"臣民"，所以我们在国家及社会生活中就可以"当家作主"。是"主人翁"，就一定既有自己的权利，也同时有自己的义务。好比一个孩子，可以（有权利）在自己的家里满地打滚——因为他是家里的"主人翁"；但是他同时要注意，满地打滚时（有义务）不可以损坏家里的家具，家里有问题也要自己解决——"自家油瓶倒了要自己扶起来"——因为那是他自己的家。若往大点说，中国革命的胜利最伟大的意义正在于：国人开始能够"当家作主"，成为堂堂正正的共和国公民。社会主义核心价值观里"富强、民主、文明、和谐、自由、平等、公正、法治"也意味着所有人都是，也应当是社会和国家的公民而非臣民。与此同时，既然大家都是"共和国"的主人，既然"公民"不是"私民"（小农），我们就得积极、理性地参与国家与社会的"公共生活"。除了努力践行"自由、平等、公正、法治"的价值原则，正确理解、自觉捍卫自己的公民权利，还应该努力在"爱国、敬业、诚信、友善"等方面承担公民的义务。

"主人翁"，或者"公民"，当然是一个美好的称谓。不过，由一个呱呱坠地的自然人变成一个"合格公民"却并非一个自然发生的过程。要积极、理性地参与公共生活，更需要有后天养成的"公民素养"。而这，就需要公民教育。

二、开展公民教育，我们有一千种理由

当代中国社会一个有意思的现象就是靠"耳语"或者"心理恐惧"去臆想很多事情，并据此指导自己的日常生活实践。比如在教育领域，很长时间人们暗暗认为"公民"是一个"危险"的词汇，与"公民"有关的概念如"公民教育"也因为"可能危险"而为许多"聪明人"所王顾左右、讳莫如深。直到2019年10月中共中央、国务院印发《新时代公民道德建设实施纲要》明确使用了"公民"一词，大家似乎才松了一口气——原来"公民"并不是一个"危险"的词汇！

人类的恐惧往往来源于对特定事物的无知。比如许多人之所以害怕"公民"概念，其实是缘于对"公民"一词所联结着的"自由""权利""民主"等政治概念怀有的非理性的、莫名其妙的"心理恐惧"——而这正是要通过有效的公民教育才能彻底解决的问题——因为一个理性的"自由"观念，本身就意味着所有人（而非个别人）都应拥有的自由；一个理性的"权利"概念，也必定意味着对权利的适当限制；而所谓"民主"，其实不过就是对专制与人治的否定——而这不就是现代社会（包括社会主义，也包括资本主义社会）所有人都要努力建设的基本政治制度和价值观念吗？《不列颠百科全书》里说"公民意味着伴随有责任的自由身份"。很显然，这一现代人应有的"有责任的自由身份"只有通过扎扎实实的公民教育才能真正实现。

2019 年，中国人均 GDP 已经超过 1 万美元，与此同时，当代中国是一个已经真实普及了义务教育、高等教育也迈入普及化阶段的国家。就是说"相对富裕""民智已开"，社会基本矛盾已经转变为"人民日益增长的美好生活需要和不平衡不充分的发展之间的矛盾"，都是最基本的社会事实。故在当代中国，我们必须大大方方开展公民教育，理由可以有一千条、一万条。若简要地说，我们至少可以从消极与积极两个维度列举必须大大方方开展公民教育的理由——

所谓消极的理由，是从社会治理的角度看，若我们不认真开展公民教育，中国社会将会付出极大的成本——因为民众日益增长的权利诉求会通过非理性、破坏性的方式寻求实现。这一点，从内地许多人为一丁点问题的解决不惜"将事情搞大"以及香港去年开始的"揽炒"（就是大家一起死）的思维方式所付出的巨大社会成本中不难看出。

而积极的理由，当然就是国家政治生活一定要积极回应"人民日益增长的美好生活需要"。很显然，受到平等、公正的对待，有尊严地做共和国的公民、做国家社会政治生活的"主人"等，肯定是最为重要的"新时代""人民日益增长的美好生活需要"之一。最近一个时期以来，中国一直在内政上努力建设"法治国家"，在外交上提出"人类命运共同体"。从教育的视野来看，这些就都既是中国特色社会主义的政治实践，也是中国特色社会主义的公民教育——因为建设"法治国家"所内含的"法治教育"就是全球各国公民教育的核心内容和组织形式之一，而"人类命运共同体"意识也正是国际上通行的"全球公民教育"（即 GCE：Global Citizenship Education）的核心教育目标。

三、如何做好培育"合格公民"的工作

如何做好培育"合格公民"的工作？概而言之，就是要关注公民教育的内容与形式两个维度。

从内容上说，欲培育"合格公民"，一是必须让孩子们尊重、践行自由、平等、民主、法治等现代价值原则。其实，这也是社会主义核心价值观的核心要求。现在最为关键的问题是，对自由、平等、民主、法治方面的教育，社会、学校教育要"来真的"而不只是"对付对付"。二是要让孩子们正确认识自己多元的社会身份及其权利义务——了解社区公民、国家公民、全球公民的身份，做理性、积极参与不同层级公共生活的"合格公民"。我们已经实际开展的社区志愿服务、爱国主义教育、国际理解教育等，都属于事实上

的公民教育（可能只是不以"公民教育"命名而已）。要进一步做好公民教育，我们所要做的，很大程度上不过就是要在以上两个方面更为自觉、力度更大。

从形式上说，欲培育"合格公民"，就必须努力在直接、间接公民教育以及隐性课程意义上的公民教育上下功夫。所谓直接的公民教育，就是旗帜鲜明、直接开展公民教育的课程与活动，践行民主、法治等社会主义核心价值观。所谓间接的公民教育，就是要通过各科教学及所有教育活动去挖掘、开发、使用公民教育的课程资源，努力培育现代公民所应有的科学、理性、批判性思维等公民素养，以策应、支持直接的公民教育。而"隐性课程意义上的公民教育"，指的是师生互动、教学组织形式、学校制度、校园时空设置等都应当符合公民教育的价值追求、具有公民教育的性质。换言之，"公民教育"应当是渗入师生关系、全部教育生活的"血液"，而非枯燥、虚伪、浮于表面的空洞教育口号。教育工作者须知，再好的公民教育课程也很难与实际的生活教育相抗衡，努力让孩子浸入公民教育的生活与实践比什么都重要。

进入 21 世纪的第三个十年，世界和中国都进入了一个"多事之秋"，也进入了一个重要的"战略机遇期"。最近 40 年中国社会的迅猛发展已经为中国特色社会主义公民教育奠定了很好的社会基础。倘若我们再能够克服公民教育观念、实践上的上述弊端，则我中华儿女未来必定会有更好的发展前景，也必定能在教育进步上成为对整个地球村贡献更大的"模范公民"！

2020 年 9 月 10、20、25 日于京师园三乐居

发表于《北京教育》（普教版）2020 年第 11 期

时代与逻辑

有勇气地登攀

总是

无论有无梯子

可以依靠

牵牛

9 / 美育之"用"，
如何理解？

美育之"用"，如何理解？

在一个"功利主义"（这里的"功利主义"，其实是民间讲兑现、实用的"主义"，不一定是伦理学意义上的功利主义）盛行的社会里，对于社会和教育的健康发展来说，这都是一个大哉问。

在中国，民间已不乏家长生怕孩子"输在起跑线上"而强制孩子补习音乐、舞蹈、美术等艺术学科（美育）的"新气象"（所以周末、假期孩子及其家长往往比平时更累），而一些教育行政部门为了促进美育事业的发展也在近年频频出台了将美育课程成绩纳入中考、高考计分范围之类的"新举措"。这些，都是在用实用而非审美的逻辑看待审美及美育之

"用"，也算是一种对于这一大哉问的非常"现实"的回答。

一、审美之用与教育的效率

要追问美育之用，当然先要追问审美之用。

一方面，审美活动本身是非功利（无用）的，这是美学的常识。因为当你以实用的方式看待审美对象时，你就只是在占有而非审美——正如你考虑一个杯子可以装多少啤酒和你欣赏这个杯子的造型、色彩、质地，是完全不同性质的事情。但是另一方面，审美活动所产生的心理效应、实践效果却可能是有"用"的——譬如审美活动所产生的愉悦可以提高生活的幸福指数、工作的绩效与创造性等，都是十分肯定的事情。据说日本养殖场就尝试过通过播放音乐提高奶牛的产量，若事情确实，大概就是最为有趣的实证之一了。同时，人类的日常活动常常是整体、融合的，因此审美的、实用的元素往往搅和在一起——我们完全可能因为某个产品的"颜值高"而购买、使用它。工艺美学、生活美学等美学分支学科存在、发展的理由就在于此。

在教育领域，美育学科被滥用于增加有助于功利性竞争的"绩点"——家长让孩子因艺术"特长"获得升学的竞争优势，一些教育部门用进入中高考升学评价的方式促使家长、学校加强美育，其实都是对审美之用的严重误读。很显然，就像我们无法肯定西施与貂蝉谁更美一样，我们也无法给毕加索、梵高的绘画打分。美育课程成绩纳入中高考可能也不是在真正鼓励审美、美育活动的开展，因为让美育工具化的结果，反而会强化本不该助长的应试教育之风。正可谓"播下的是龙种，收获的却是跳蚤"！

数学家丘成桐最近（2020年9月13日，凤凰卫视）在接受媒体专访时谈到，他在34年的哈佛大学教学生涯中遇到论文做得最好的学生中鲜有中国学生，因为他们的"兴趣、期望、想法、创意"不够大。我想除了学生本身的问题（实用主义价值观会让人失去伟大的理想和真正的学术兴趣），生产"中国学生"的中国教育本身更有值得反思的地方——当我们习惯于用当下的"绩点"、未来的功名利禄等外在"好处"去诱惑、强制学生学习的时候，教育自然就没有什么办法让学生产生对于学习本身的内在热情了。

　　所以，审美活动真正的教育之"用"，应当在于教育者善用道德之美、智慧之美、力量之美、劳动之美、教育之美的力量去激发孩子们对于自然、科学、社会、教育之美的好奇、惊叹、欣赏、想象，从而获得学习、探索的内在动机、热情与动力。我本人之所以要不遗余力在德育上倡导"德育美学观"、在全部教育工作中鼓吹"教育美学观"，就是这个道理。若全部教育活动的内容与形式都是"美"的，教育就是"有趣""有味"因而更为"有效"的，全部教育实践当然也就自然都变成了广义的美育事业了。

二、审美之用与教育的境界

　　当我们讨论审美活动真正的教育之"用"——用促进儿童对教育内容与形式之美的欣赏取代强制其像奴隶一般学习的时候，我们其实不过是让孩子们回到学习过程的美好当中。无论狭义的美育（艺术课程）还是广义的美育（实现审美化之后的全部教育）都是让学习主体恢复主体地位，让儿童在学习过程中获得学习主体的自由与解放。所以，与其说美育是一门"学科"，远不如说"美育是教育的一种境界"①，或者干脆说"美的教育是一种教育的境界"。

美的教育是一种境界，首先是说一种教育境界的生成与提升。《论语·先进》中所描述的"暮春者，春服既成，冠者五六人，童子六七人，浴乎沂，风乎舞雩，咏而归"，就是一种至美的教育之境。所以，孔夫子才喟然叹曰："吾与点也。"类似情境，我们也不难从苏格拉底与诸弟子的对话等成功教育案例中找到。古今中外尽管教育的方式方法千差万别，但让学习者"如坐春风"之类的教育境界之美的奥秘却始终如一。

美的教育是一种境界，另外一面当然是指美育是一种对教育异化的救赎。"让儿童在学习过程中获得主体的自由与解放"肯定不会只有教育审美化一条路径，但是自觉建立教育活动的审美标准，让学习者为学习活动本身着迷，从而实现学生的自主建构与教

① 北京师范大学陈建翔教授于上个世纪90年代在其博士论文中提出的主张。可参见陈建翔：《有一种美，叫教育——教育美学思想录》，四川教育出版社2006年版，第313页。

师的教育引导之间的统一与和谐，肯定是实现对孩子们"教育性"尊重的最重要的途径之一。舍此一途，所谓的教育，要么流于强制灌输，要么失之自由放任。

需要说明的是，这里讨论较多的是教育美育或者教育美的"审美"。若聚焦到更大的审美活动范围，审美境界的意义会更为明确：真正沉浸在《蓝色多瑙河》《茉莉花》等音乐旋律，或者毕加索、莫奈等人绘画作品中的人，一定是与审美对象实现了强烈的情感共鸣、精神汇通的。"思接千载，视通万里"的兴味，实在难以为境界之外的人所"认知"。审美之所以有储善、益智、强健体魄之"用"，亦取决于能进入真正的审美境界也。

三、当代教育与社会的美育救赎

对于整个人类尤其是中国人来说，当代社会是一个最好的时代，也是一个最坏的时代。

说是"一个最好的时代"，是因为我们不仅物质上空前丰裕，而且审美条件、美育的可能大大增加；说是"一个最坏的时代"，是因为物质上的空前丰裕刚好可能让我们易于"醉死梦生"，从而最为有效地败坏我们的欣赏趣味，从某种意义上说，人类历史上一个荒诞的"审丑时代"正在来临。当然，精神世界前所未有的杂多、异化也使得美育对于社会、人生甚至美育自身予以救赎的迫切性、重要性前所未有。

比如，在这个"物欲横流""肉欲横流"的时代，人们已经用对精致的利己主义、享乐主义的疯狂追逐取代了审美的趣味；许多"解放"人的影视节目、文艺作品，其实不过是用越来越低级的趣味去迎合大众的变态心理需求、赤裸裸的欲望，审美和美育活动都在本质上沦为一种"生意"、一种资本、政治强势存在的另类表征。又如，当代社会，由于电视、网络、自媒体的催眠，人们的理智、良知与情感都已经变得迟钝，大家乐于凭借感性冲动去做本该严肃的道德判断，政治候选人的外在形象有时甚至比他们的施政方针更有说服力……这些，既是对人类发展的一种巨大讽刺，但也正是当代美育所要直面的时代课题。

故当代教育不仅要在一般意义上让我们从实利主义的泥淖中获得审美救赎，还应该通过美育活动让成人、儿童都恢复正常的审美器官、审美品位，以对抗前所未有的"审丑时代"。换言之，当代社会生活和学校教育不仅需要生活美学、启蒙美学，更需要批判美学、解放美学。

总而言之，在德、智、体、美、劳诸育中，美育应该是最没有"用"（实用）的了。不加鉴别地用"用"的思维看待审美、美育之用的观念是极端危险的，在功利主义日益猖獗的当代中国社会尤其如此。

我曾经在自己的微信朋友圈里有感而发说："美之用，在于无用。无用之用，在于万用之用。"面对一个功利（实利、势利）的世界，如何尊重美的规律，让成年人"求其放心"、让儿童保持其"赤子之心"去"忘我"地参与真正意义上的审美活动，应当是当代教育与社会发展最为迫切的任务之一。

2020 年 10 月，中共中央办公厅、国务院办公厅印发了《关于全面加强和改进新时代学校美育工作的意见》并发出通知，要求各地区各部门结合实际认真贯彻落实。从政策上讲，这已经是"最高指示"了。但愿本文对美育之用的思考对于今后的美育开展有些许提醒之裨益。

2020 年 10 月 15 日、11 月 29 日于京师园三乐居

发表于《北京教育》(普教版) 2021 年第 1 期

是怎样做到的

在坚硬的地砖

和冷漠的踩踏之间

你依然

葱茏你的绿色

茁壮你的远征

蜗牛

10 劳动教育之新旧

——我的三点忧虑 ①

2018 年 9 月召开的全国教育大会上,劳动教育已重新被写入国家的教育方针。2020 年 3 月中共中央、国务院又印发了《关于全面加强新时代大中小学劳动教育的意见》(以下简称《意见》)。加强劳动教育已经成为国家决策,实在是一大好事。但是好事要做好,就并非易事了。

在《意见》颁布之前的数年之中,在不同场合、媒体上,笔者都在一直不遗余力地为加强劳动教育做"鼓与呼"的工作。但在《意见》颁布之后,从近期对

---

① 本文原为笔者 2020 年 4 月 10 日在北京师范大学中国教育政策研究院主办的劳动教育研讨会(在线会议)上的即兴发言,会后经回忆整理。

《意见》众说纷纭的解读中，我又产生了三点关于劳动教育开展的深切忧虑——

一、强调加强劳动教育消极理由太多

加强劳动教育的一个重要原因，当然是《意见》所指出的"近年来一些青少年中出现了不珍惜劳动成果、不想劳动、不会劳动的现象，劳动的独特育人价值在一定程度上被忽视，劳动教育正被淡化、弱化"。这里既包括青少年劳动价值观存在的问题，也包括劳动教育在学校、家庭、社会教育中被弱化、淡化，甚至异化[1]的问题。但是，如果仅仅从这个较为消极的"问题"角度去理解加强劳动教育的意义，视角未免太过狭窄。

加强劳动教育更重要的原因，应该来源于积极的理由——"新时代"需要劳动教育。上个世纪五六十年代，中国曾经轰轰烈烈开展过劳动教育（我们不妨

---

[1] 檀传宝：《劳动教育的本质在于培育劳动价值观》，《人民教育》2017年第9期。

称之为"旧劳动教育")。而今天，我们再提加强劳动教育，理由已有时代上的霄壤之别。众所周知，中国曾经较长时间处在"落后的生产力与人民日益增长的物质文化需要之间的矛盾"之中。在某些物质极度匮乏时期，老百姓最基本的衣食住行都成问题，彼时加强劳动教育的一个重要理由当然就是为儿童未来投入"生产劳动"作准备。甚至，学校劳动教育本身也曾经是社会"生产劳动"的一部分，这就像一个贫困家庭需要儿童劳动挣工分补贴家用一样。但是改革开放已经让中国人成功进入了"新时代"（人均 GDP 从 1976 年的 165 美元，到 2019 年突破 1 万美元），中国社会的主要矛盾也已经变成"人民日益增长的美好生活需要和不平衡不充分的发展"的矛盾。相应地，中国社会、中国人的"优势需要"，已经从对基本（物质）生活的需要慢慢转移为对真善美、个性自由的追求等高级需要上来了。过去我们对孩子说，要热爱劳动，因为"不劳动，没饭吃"。今天呢，我们再说这个理由就已经不那么充分了。今天加强劳动教育最主要的理由应当是：劳动教育能够让儿童"全面发展"；学会动脑、动手，能够让孩子们的人生更有尊严，也更有意义。

加强劳动教育有消极的理由，也有积极的理由。若只讲消极理由、不讲积极理由，恐怕会让劳动教育成为外在于儿童生活实际的成人们的游戏。孩子在内心不认可的教育，一定不是好的教育。

二、强调体力劳动锻炼太过

《意见》明确提出要"让学生动手实践、出力流汗，接受锻炼、磨炼意志"在一定意义上也是对的。由于种种原因，许多"新时代"的儿童的确越来越缺乏体力锻炼的机会。但是与此相关，一个令人忧虑的现象是，许多教育工作者还保持着几十年前"旧劳动教育"的思维惯习，自觉不自觉地将劳动等同于体力劳动，将劳动教育等同于体力劳动锻炼。故如果不作认真反思，太过强调"出力流汗"，劳动教育肯定会走弯路。

实际上即便是在上个世纪五六十年代，将劳动等同于体力劳动在理论上也是完全错误的。正是由于这一劳动概念的误读，中国曾经在一段时期将一部分劳动者——脑力劳动者"下放"到田间、地头，接受另外一类劳动者——体力劳动者的"思想改造"或"再教育"。今天，科学技术的重要性已经无与伦比，脑力劳动在全部"劳动"中的比重也已空前增加，我们甚至已经根本找不到古代社会那种可以脱离脑力劳动的纯粹的"体力劳动"了。此外，传统的"生产劳动"之外的服务业在 GDP 中的占比已经大大超过第一、第二产业，"消费性"或"服务性"劳动的比重空前增加也已经是不争的事实与趋势。因此，在脑力劳动、服务性劳动、复合型劳动比重空前增加的"新时代"，若不顾及劳动形态的新变化，一味强调"出力流汗"，劳动教育就会严重脱离时代与社会实际，在劳动概念的认识上误导儿童，从而误入歧途。

上个世纪五六十年代，学校"旧劳动教育"得以顺利开展的一个重要条件，是许多学校都有支持"生产劳动"教育的校办工厂、农场。现在要恢复这一体制已经不太可能。故加强新时代劳动教育最为合适的途径，肯定是让孩子更多关注与他们实际生活较为切近的劳动生活元素——智慧农业、快递小哥等。因此依据劳动形态的变化与时俱进开展劳动教育，也是加强劳动教育最为经济、最有效率的教育选择。

三、强调独立课程设置太甚

《意见》特别强调要"根据各学段特点，在大中小学设立劳动教育必修课程，系统加强劳动教育"。"中小学劳动教育课每周不少于 1 课时""本科阶段不少于 32 学时"。教育部有关负责人在答记者问时干脆说要"将劳动教育与智育区别开，防止用文化课的学习取代劳动教育"①。

设置劳动教育必修课并规定必修课时，对于扭转劳动教育在学校教育中被淡化、弱化的趋势当然有正面意义，但这些政策宣示若不能辩证理解，劳动教育开展有可能前景堪忧。

中国劳动教育开展的一个重要理论依据是马克思主义教育与生产劳动相结合的原则。但这一原则有一个重要内涵是，现代教育在本质上具有"生产性"。换言之，与古代教育"坐而论道"的特征相比，现代教

---

① 《构建新时代中国特色社会主义劳动教育体系——教育部有关负责人就〈中共中央国务院关于全面加强新时代大中小学劳动教育的意见〉答记者问》，《中国教育报》2020 年 3 月 27 日第 3 版。

育无论是数、理、化、生还是政、史、地、语文，其教育内容无不具有"生产性"。因此，学校劳动教育应当更多地依托各科教学去开展。而"将劳动教育与智育区别开，防止用文化课的学习取代劳动教育"这一提醒最易产生歧义，稍不留神就可能让劳动教育课程与其他学科知识、价值与技能的教与学对立、分离，从而让劳动教育更为广阔的空间瞬间流失。因为无论如何努力，每周一课时（中小学 30~50 分钟不等），这种专门的劳动教育课，终究是时间有限、难以有大作为的。所以文件中另外一段规定，就值得引起广大教育工作者更大的关注："除劳动教育必修课程外，其他课程结合学科、专业特点，有机融入劳动教育内容。"

设置专门课程、保障劳动教育，可以理解。但是强调独立的劳动教育课程设置太甚，可能有违教育规律，也不利于劳动教育自身。

以上三点忧虑，其实也可以转换为另外一种表达，那就是：（1）要从更为积极的视角去看待新时代加强劳动教育的意义；（2）要注意劳动教育形态变迁，开展与时俱进的劳动教育；（3）要通过学校文化与教育生活的改造，而非单靠设置专门课程去开展劳动教育。

三点忧虑概括起来其实就是一个结论："新时代"需要有"新劳动教育"；我们千万不要让时针逆转，让20世纪五六十年代的"旧劳动教育"在21世纪的中国简单回归。

2019年4月11日于京师园三乐居

发表于《北京教育》（普教版）2020年第5期

上编

那欠缺的，就是方向

花来过

风来过

其实都是

你来过

花来过

11 // 若只有科技，
教育就没有未来

　　庚子伊始，因抗击新冠疫情的需要，全国教育系统被迫宣布"停课不停学"，并以前所未有规模的在线教育方式为学生提供在家学习的机会。因此 2020 年已被人命名为"未来学校元年""未来教育元年"。其实，在此之前，教育界的许多有识之士都已经预言，由 ABCD，即 A（AI，人工智能）、B（Block Chain，区块链）、C（Cloud，云计算）和 D（Big Data，大数据）代表的现代科技，将大大改变人类的未来，也势必影响教育的未来。或者说，教育与科技之间的相互影响将是空前的。

　　许多人都在思考同一个问题：到底应该如何认识现代科技与教育未来的关系？

现代科技与教育未来的关系显而易见的一个方面是：若没有现代科技，就没有教育的未来。

一、若没有科技，就没有教育的未来

在一定意义上，一部人类教育史就是科学技术不断型塑教育发展形态和轨迹的历史。比如"有教无类"思想的提出，若从孔子算起至少超过 2500 年，但义务教育真正实现的历史不过数百年——与伟大的工业革命有着最直接的关联。而义务教育年限的延长、大学的普及化既是现代科技发展的需要，也得益于现代科技的大力推动。故无论我们怎样想象科技在教育未来发展中的作用，也许都不为过。

现代科技至少在两个方面会大大改变教育的未来，一个是技术上，一个是气质上。所谓技术上就是现代科技会让教育更为便捷、高效——互联网让孩子们很容易获得更广阔的视野、海量的信息；大数据分析会更有利于教师认识学生们的生活实际，从而更容易实现"因材施教"；云计算等现代科技还会大大拓展学校教育与社会、家庭的关系，教育当事人将能更便捷、高效地展开合作……而现代科技给教育气质上带来的改变，则是指未来的师生关系、学校的定义、教育的范式都会彻底改变，比如，伊里奇所称的向任何擅长者学习的学习网络终将成为最普遍的现实；学校将转变为一个最为强大的学习支持系统，校园将可以不再有任何实质意义上的围墙；鉴于高科技已经让地球村村民更为紧密地联系在一起，许多教育家所倡言的"世界公民"的培育，无论在目标、内容、途径上也都会更具有日常生活的性质……因此在某种意义上，我们完全可以说，现代科技对于未来教育的巨大促进，既有最大的可能，也是历史的必然。

今天，凭借现代科技的加持，人类其实已经站在未来教育的门前，甚或一只脚已经跨进了未来教育之门。但科技与教育的联结并不只有单一的颜色。因此存在一个反命题：若只有科技，教育就没有未来。

二、若只有科技，教育就没有未来

现代科技具有可以给人类社会及其教育带来巨大进步的无限可能性。但是这一可能性的实现，却不是科技本身所能决定的。故现代科技与教育未来的关系至关重要的另一个方面是：若只有科技（没有人文），教育就没有未来。以目前在线教育为例，互联网教学方式可能带来的弊端，也是显而易见的。

1. 弱化学习者的主体性

互联网可能是好东西，但如果没有先进教育思想的注入，依托互联网的在线教育就可能十恶不赦。比如那些仅仅基于教师单向知识传授与训练的在线教育可能正在大大强化奖惩决定一切、程序决定一切等蔑视学习者主体性的学习方式。人类已经进入 21 世纪，但我们很多时候所实际依据的，仍然不过是巴甫洛夫—桑代克—斯金纳的思维范式，即刺激—反应、操作性条件反射。若在这个轨道上狂奔，则在所谓未来的教育中，我们就只不过是在用更高级的"机械"去培育一代又一代的机器人而已。

2. 加重现代人的关系疏离

现代社会本就存在孙志文（Arnold Sprenger）所言的三重疏离，即人与自然、社会、上帝的疏离。现代科技在教育中的广泛应用会减轻还是加重这些疏离呢？以在线教育为例，除了许多老师做不了"网红"（那需要许多条件），即便是都能够像某些网红教师那样在网络上吸引眼球，与学生隔着屏幕（或千山万水）的教师真的能和在教室里一样畅所欲言吗？在许多慕课式教学里连掌声都是模拟声音的情况下师生之间在现实互动里的真诚、温暖还能剩下多少？线上教育如何实质性促进学生之间的同学情谊、沟通与合作？虚拟世界真的能让孩子们体验自然与神圣的美好吗？答案迄今为止至少是不甚明朗的。

3. 激化社会阶层的不平等

虽然教育不是社会不平等的根本原因（根本原因无疑是社会制度），但作为人类能动的伟大实践，教育理应努力消除而非激化这一社会阶层的鸿沟。远程教育、互联网虽然也有"送教下乡"、普惠天下的意义。但显然存在另外一个方面：在线教育所需的学习条件方面的费用支出并非每个家庭都有能力承担（媒体上已有学生没有手机"上课"而险些自杀的案例）；教师、家长也未必都能够超越巨大的数字鸿沟去从容应对在线教育所必需的"高科技手段"……所以稍不留神，未来社会及其教育都有可能回到霍布斯所言的自然状态，即"一切人对一切人"的战争状态，"人与人之间像狼一样"。资本主义的"狼性"逻辑将有可能从教育开始消灭人类仅存的尊严。

三、现代科技只是未来教育的通道

一个有趣的例子，也许更能诠释现代科技与教育未来的关系。

相对于传统教育的 3R——读（reading）、写（writing）、算（arithmetic）三大基本教育目标有很大的不同，上个世纪 90 年代末美国甲骨文、微软、苹果等合作组成了一个 21 世纪关键能力联盟（The Partnership for 21st Century Skills），调查 IBM、联想等世界前 100 位的跨国公司 CEO 和人事主管，问他们"最需要的员工素养应该是什么样的"，其结论是四个英文单词 C 打头的关键能力——批判性思维（审辩式思维）、创造性、有效沟通与合作能力（the

4Cs: critical thinking, creativity, communication, and collaboration）。这一结论后来由 2001 年成立的 21 世纪学习联盟（The Partnership for 21st Century Learning）发布的《21 世纪学习框架》（Framework for 21st Century Learning）在世界范围内产生了十分广泛的影响。此后不同研究者试图增加其他的关键素养，比如 character citizenship（德性公民）、calculation（计算能力）、career planning（职业规划）、cross cultural understanding（跨文化理解）等。最近北京师范大学教育创新研究院的专家团队增加了一个"cultural understanding and inheritance competence"（文化理解与传承素养）。

分析这一案例，你会蓦然发现：除了计算能力一项，批判性思维、创造性、有效沟通、合作能力以及文化理解与传承素养等，几乎没有一项未来社会所必需的关键能力（或核心素养）直接是"高科技"的。

所以，结论是不言而喻的：现代科技在总体上是人类的福利，但这一福利的变现却不是科技本身能说了算的。科技可以解放人，也可以奴役人；科技可以让人更加团结，也可以让人愈发疏离；科技可以也必将型塑人类的未来，但没有人文参与、哲学反思，它就只会帮助我们回到丛林时代。故现代科技只是未来教育的通道，通道很基础，但人的教育还是必须有最丰沛的人性。而先进教育思想指导下的教授与学习，也完全可以通过在线教学等时尚方式去实现。

2020 年 3 月 12 日于京师园三乐居

发表于《北京教育》（普教版）2020 年第 4 期

上编

那欠缺的，就是方向

愿众生

安静

纯粹

一如这

莫奈的花

睡
莲

12 "好教师" 应有的 三种修炼

东晋史家袁宏在《后汉纪》里就有句名言："经师易遇，人师难遭。"可见古人已知，找寻或者成为"好教师"并不容易。现代社会，从经验论述到理论阐释，人们关于"好教师"的标准已经层出不穷。这里，我们不妨化繁为简，从两个教育界常常讨论的两个话题说事——

一、可以有"全科教师"吗

医院有所谓"全科医生"，于是就有人主张，学校也应该有"全科教师"。而另外一些人，就拼命反对这一不讲专业、分工的"坏主意"。

其实"全科教师"并非什么新鲜的发明，因为欧美诸国小学阶段多有"包班制"教学——一个老师包揽某个班级的语文、数学、社会、科学等几乎全部普通课程（只有特别的专业课如体操、美术、舞蹈、音乐除外）。"包班制"会让师生关系密切，也让各科教学之间相互贯通，所以能大大提高教学的效率，甚或提升教育的境界。因此，在小学阶段，"全科教师"应该是不错的选择。过去中等师范学校对"准小学教师"的要求也正是"吹拉弹唱，样样都会一点"，曾经培育出了一批又一批优秀的小学教师。

但是从初中起，分科课程就会慢慢成为各国课程类型的主流，因此，一个老师一教到底的"包班制"也就会慢慢让位于分科制的教学了。除非特例（如师资严重短缺，或者个别教师是绝对的天才），"全科教师"在中学学段慢慢就不可能再是教师队伍的主流了。到了大学阶段，就几乎所有教师都俨然是各领域的"专（门）家"了！但即便如此，另外一个意义上的"全科教师"概念及其意义仍然存在，而且会一直存在下去——因为无论你教哪个学科，"能近取譬""触类旁通""深入浅出""信手拈来"的教师总是最受学生们的欢迎的。所以许多人说，教师不仅仅应是"专才"，还应该是具有"广博的知识"的"通才"。

既然是"通才"（即"不那么专业"的气质），教师职业就有可能被人认为没有"专业"性。但其实这是严重的误解，误解的原因是将其他行业的专业标准硬套到教育行业头上。若我们认定"通才"意义上的"全科教师"是好教师的必要条件之一，则我们更可以认为："广博的知识"或全面发展的"通才"特征就恰恰应当是教师这个特殊职业内在的"专业要求"之一。简单来说，"不那么专业"本身，也是全部教师职业的"专业特质"之一——就像好的足球教练不一定是踢足球踢得最好的，但他一定得不仅懂足球，还要懂球员以及许多与足球有关的"乱七八糟"的事情。

所以，你与其问是否应该有"全科教师"，倒不如问何谓"全科教师"。

若是说什么都能教那样的"全科教师"，可能只能主要存在于学前、小学阶段。若是说"全科教师"指的是教师应该具有"广博的知识"之"通才"的专业特征，则每一学段、任一学科的教师都应该有此种修炼矣！

二、如何看综合性大学出身的教师"后劲更大"

教育界还一直有一个十分惯常但似是而非的说法：与师范大学毕业生相比，综合性大学出身的教师"后劲更大"。

当然，这里所谓的"综合性大学"是指与某一师范大学同一层级甚至更高的综合性大学。比如北京好多所中学的老校长就曾经说过，在他们学校工作的北京大学、清华大学的毕业生，往往在概率上会比北京师范大学的毕业生"后劲更大"！

这一说法虽然令许多师范大学不快，但其实也没有完全埋没师范大学教师教育的功劳——因为说"后劲更大"的另外一层意思就是：刚开始时，师范大学毕业生的表现还是比综合性大学毕业生略好一些；只是后来慢慢就会被综合性大学毕业生追上来，且后者在入职一段时间后发展的"后劲更大"。

如何看待这一有趣的现象？其实道理也很简单：综合性大学毕业生四年时间全部都在学习某一专业，师范大学的毕业生的四年中却有 1/3 左右的时间在学习简单的教育学、心理学、教学法，开展教育见习与实习。这样，与综合性大学学生比，师范大学毕业生学习"学科专业"的时间自然就少了1/3，故学科专业的后劲不足完全是有可能的；但是同时，由于有约1/3的时间被用于教育学、心理学、教学法、见习与实习等方面"教育专业"的学习，所以他们在入职期的教育教学自然会比对教育实践"两眼一抹黑"的综合性大学毕业生要顺利得多。

所以，与其讨论哪个类型大学出身的教师"后劲更大"，不如问"好教师"在素养结构上需要有何种"专业"上的修炼。

答案当然只能是"学科专业"+"教育专业"。换言之，若综合性大学毕业生加强教育专业的学习、师范大学毕业生注意学科专业的相对补强，则两者都有可能成为最优秀的"好教师"。

三、"好教师"修养结构的三个维度

综上所述，"好教师"应有的修养结构有三个维度："不那么专业"+"学科专业"+"教育专业"！

若从大历史的角度看，教师的类型主要分两类：经验型教师、专业型教师。若要在此基础上再加一类，就是所谓"教育家型教师"了。显然，"教育家型教师"可以理解为"专业型教师"的升级版。

最初的教师，就是孔夫子、苏格拉底式的教育工作者。虽然孔、苏两位在古代是各自国度的翘楚，但是仍然属于"不那么专业"的"经验型教师"——无论是学科知识或是教学专业。这一点，我们只要看他们的作品都属于"扯七扯八"的对话体就可以理解一二了。当代社会一方面的确有太多人没有领会、把握先贤们的智慧，但是也有许许多多将古人学问神化的种种"托古"的行为。后者则会大大妨碍我们对古代教师是"不那么专业"的"经验型教师"的整体上的判断。

进入现代社会，由于义务教育普及等原因，社会对于教师突然产生了大量需求，现代师范教育应运而生，"专业型教师"培育的历史也就此开启。在师范大学（师范学校、教育学院）里学习的人，既要学习"学科专业"（文学、历史、哲学、数学、物理、化学等），又要学习"教育专业"（教育学、心理学、教学法、见习、实习等），其结果是"两个半桶水"相加：师范生的"学科专业"修养不如综合性大学毕业生专深；而在有限的课时里要兼学教育学、心理学、教材教法，开展教育见习、实习，其结果当然是所学的"教育专业"也是浅尝辄止的。但公平地说，即便是"两个半桶水"相加，总体上现代教师在学科、教育的专业性上也会比古代社会经验型教师强许多——尤其是在"教育专业"上——由于教育学、心理学等"教育专业"的武装，现代教师显然比采取个人化、随意性教学的私塾先生们要先进（"科学"）很多。

不过，若深入比较现代社会"专业型教师"和古代社会"经验型教师"的类型差异，就不难发现，两者的本质区别不是在学科专业而是在教育专业的有无上。因为很显然，现代教师、古代教师都是"会什么教什么"（现代教师会物理才能教学生物理，犹如古代师傅会木工才能教徒弟木工、私塾先生会"四书五经"才能教"四书五经"）的，故"学科专业"只存在程度的差异，不存在有和无的问题。而在"教育专业"上，由于古代没有现代意义上的所谓的教育学、心理学等学科知识作基础，教书先生们只能"估摸着"进行教学，除了教育经验的个体性累积，现代意义上的"教育专业"性当时可以说几近于零。而随着社会进步，人们对于高品质教育需求的日益增加，教师的"教育专业"水平的不断提升势必会成为未来教师修养的重中之重。

至于"教育家型教师"，肯定不是古代社会那种"经验型教师"——因为其学科专业、教育专业的水平肯定都远胜后者。唯一与古代教师相同的，可能是他们都尊重教育实践的经验智慧，都有在实践智慧基础上产生富有个性的教育思想的可能性。而"教育家型教师"肯定也不是一般意义上的"专业型教师"——因为除了对于学科专业、教育专业上"庖丁解牛"式的娴熟把握，最为主要的是他们还有一种既古老又时髦的美妙气质——"不那么专业"。而这一点仿佛又让他们回到了古代——他们更像博学而智慧的孔子和苏格拉底。也就是说，他们是"不那么专业"+"学科专业"+"教育专业"这一教师修养结构的完美展示。

可以有"全科教师"吗？

综合性大学出身的教师"后劲更大"吗？

仔细追问这两大问题，最终就会对教师的修养产生这样一个重要的启发："好教师"一定要在学科专业上不断提高，更要在教育专业上不断精进；好教师不仅应该"专业"，还必须成为一个全面发展"不那么专业"的"通才"，成为一个能够展现世界和人的完整性，从而承担起培育自由而全面发展的一代新人这一神圣责任的伟大智者。故努力追求广博的知识结构、良好的学科专业素养、完善的教育专业素养，是"好教师"应有的三种修炼。

2020 年 9 月 29 日、10 月 22 日于京师园三乐居

发表于《北京教育》(普教版) 2020 年第 12 期

上编
那欠缺的，就是方向

游人走了
风景还在

风景走了
季节还在

我走是话别
你走是进场

季节

下编 /

修炼，

从来都是

你自己的旅行

1 // 高品质的教育必须重视美育 ①

采访者：《教师月刊》程晓云、陈俊一

采访时间：二〇一五年十二月十七日

采访地点：北京市京师园三乐居

一、把美与朋友分享

教师月刊　檀老师好，我们在微信里看到你比较喜欢拍一些有意境的照片，还经常写诗，过去没发现你原来有这么多爱好。为什么要写这些东西呢？

檀　哈哈！最初我喜欢拍一点有意思的照片，再

---

① 原题为《檀传宝：高品质的教育必须重视美育》。

写几行诗配上，有朋友说这是"微信体"，后来我就有意这么写了。

我没有专门学过摄影、绘画，但是诗、画在表达美的方面有某种相通的地方，这叫"通感"。

在朋友圈里交流这些"通感"，把美的东西分享给别人，是值得做的事情。

二、中国教育缺什么

教师月刊 提到"美"这个字，去年9月份国务院办公厅印发了《关于全面加强和改进新时代学校美育工作的意见》，我们知道你一直关注这个领域。不知你怎么看待这个问题。

檀 因为做过德育美学观研究，所以我关注美育。美育非常非常重要。我曾经写过一篇卷首语《中国教育缺什么》。

中国教育其实什么都缺。

一般人会认为缺德育，主要是从实效上讲。德育占的课时不少，效果却比较差，或者说，从结构上讲，政治的、运动的东西太多，对人格真正有用的太少。

仔细来讲，智育也是缺的，中国的教育好像是"智育第一"，其实是错觉，为什么呢？因为智力不等于记忆力，记忆力不等于机械记忆力，但是我们的教育现在只对机械记忆特别感兴趣，对于意义识记、兴趣、创造性等基本上不考虑。经过这种训练的孩子，想象力越来越差，梦想越来越少，批判性思维越来越少，独立性越来越少。

此外，体育也是缺的，对不对？

而中国教育最缺的是美育，至少从两个现象上看是这样。

第一个现象，一所学校再差，语文、数学、外语都是会开的，稍微有一点条件的，体育课也开，德育呢，即使不开课，也会有纪律等方面的要求。最容易被人忘记的就是音乐、美术所代表的那些"副科"，你到条件最差的学校去看，缺得最多的一定是美育！

第二个现象，很多家长让孩子学一大堆艺术课程，很多学校也在大力创建"艺术特色校"，表面看起来好像不缺美育。可是这个不缺的背后实际上也是缺的。为什么呢？家长逼孩子学钢琴，很少是为了让孩子陶冶心性，更多的是功利考虑。所以，总体上讲美育缺得最厉害。

我说现在的中国教育相当于一个人饿久了，吃饭不讲吃相，拿起骨头就啃，啃得满嘴是油。现在就是这个阶段。

三、美育是时代发展的必然

教师月刊　美育是社会的问题，也是人生的问题，你感受到它的重要性，所以不遗余力地呼吁。如果人格上出了问题，就注定一生不幸，比如复旦大学投毒事件就是这样一个悲剧。

檀　如果要作取舍，肯定是德育第一，一个人要善良，要正直，要有最基本的德行。

当然，我觉得如果按照前面讲的逻辑，社会提升了，温饱问题解决以后，高级需要就会成为优势需要，就要重视美育了。

我相信中国的家长慢慢也会改变，因为原来之所以拼得那么苦，主要是资源太少，生活都有可能有问题。

现在很多家长的观念已经变了，不愿意孩子再重复他们以前的痛苦学习经历，更愿意孩子快乐、有想象力，生活情趣更丰富一点。

所以我说，从某种意义上讲美育是这个时代发展的必然。

四、美育的本质

教师月刊　美育需要一些实践的途径，比如艺术课程。但你反复强调所有的审美形式都不能失去灵魂，如果艺术教育只剩下了技能学习，那么它与审美精神就没有直接关系了。

檀　对！席勒等人之所以强调美育的重要性，就是因为美育能够使人在美的世界里面人格相对完整，并抵抗异化。

我做德育美学观的研究的时候，人家问德育美学观是什么样的德育观，我就跟他讲，德育美学观本质上就是自由的德育观。但是这个自由并不是政治学意义上的自由，而是美学意义上的自由，美学上的自由指的是合目的性跟合规律性的统一。比如说，你去听一个教师的课，觉得这课非常美，一般来讲是因为你看到了他的教学自由，什么意思呢？他怎么上都行，怎么上都挥洒自如。实际上，他之所以怎么上都行，是因为他的课在内容、形式的把握上已出神入化。他的随心所欲的合目的性是跟他对内容、形式的自由把握相联系的，也就是合目的性和合规律性完全结合在一起。

有的人的课只是合规律性，机械地按照某些程序去教，这样的课可能是合乎规矩的，但是不美，因为它没有合目的性的一面。有的课只是合目的性，但是"瞎搞"，很热闹，不过你不可能认为那是好课，尤其是"美"的课。只有目的性和规律性完全结合，完全没有分离的时候，才会有教学美。

让你忘情的永远是精神性质的东西。比如一段令你难忘的音乐，你记住的一定不是音符、乐章，而是其中的美妙感觉……

五、80 年代的美学热

教师月刊　我们阅读你的书，有个观点印象很深，就是你提倡对教育的日常生活进行审美化改造。当我们对整个教育进行审视的时候，我们发现它缺少美学的维度。

檀　这跟我刚才对时代大势的判断是一致的。因为我觉得美学、美育对于现在的社会发展是最重要的事情。

1980年代有一场美学热，那实际上是一种文化的反弹，是"以美育代宗教"了。"文革"结束后，大家的精神支柱垮了。这是1980年代初期美学理论大行其道的背景。

从大历史的角度来讲，那一段时间我们正常的社会生活、精神生活被"文革"打断，亟须修复。但现在不同，我们进入中等收入国家已经好多年了，审美将成为社会的优势需要之一。

这次审美需求的回升比1980年代具有更坚实的基础，因为我们的肚子已经吃饱了，优势需要已经转移到包括审美在内的精神领域。还有就是，我们现在太多的问题需要审美教育去治疗、去修复。

六、教育的审美化改造

教师月刊　谈到教育的审美化改造，你认为审美精神如何在学科教学中得到贯彻？

檀 高品质的教育，当然要让孩子有审美情趣，有过美好生活的能力，那德育、美育肯定会引起更多人的关注。

因此，在高品质的教育中，所有的学科都与美育有关。德育可以在所有的学科中进行渗透，美育也一样。你说语文教育中有没有美育？当然有。科学课中有没有美育？当然有。数学课中有没有美育？当然有。一旦把审美的精神、审美的方法运用到各个学科的教学里面去，不光美育有了更多的实现的途径，这些学科的教学品位、效率也会得到空前的提高。

审美精神在学科教学里面的贯彻十分重要。举个最简单的例子，孩子为什么学得那么苦？一方面是量太多，另一方面是因为学习质量非常糟糕。怎么提高学习质量？我觉得审美的介入是非常重要的。

如果一个数学教师把数学美展示了出来，孩子对数学如痴如醉，就像打游戏一样，多做一道数学题会是他很高兴的事情，怎么还会觉得苦呢？同样的道理，把物理世界的美展示给孩子，孩子们还会那么畏惧物理学习吗？这样讲的话，每位教师都需要有审美的思维和眼光，这个审美不只审艺术之美，还要善于把学科之美传达给学生。如果把学科的美、把学科魅力释放出来的话，那么孩子是快乐地学，快乐地做作业，这就不是奴役状态，而是非常自由主动的学习过程。

正是在这个意义上，许多美学家说审美是人的解放，是摆脱异化的一个路径。

七、教师审美意识的觉醒

教师月刊 从教育的角度说，这需要教师审美意识的觉醒。

檀 对于当下的教师来讲，知识水平、教授技术都不是最重要的，重要的是以审美的意识进行教学。当一个数学教师能够呈现数学美的时候，从效率上能够提高数学成绩，更重要的是，能使孩子的学习变得主动、自由。而当孩子的学习状态发生改变时，教师自己的生命状态也改变了。

八、教师教育体系的展望

教师月刊 然而，目前的教师培训体系中，关于

下编 修炼，从来都是你自己的旅行

美育的内容似乎还是空白。

　　檀　是的。所以我一直希望教师教育体系有两个改变。第一就是整个教师教育要增加教育学、心理学的学习比重。第二是德育专业化应该明晰地提出来。德育那么重要，如果大家都按照经验去做的话，别指望它会有实效上的实质提升，靠天收那是不靠谱的事情。

　　总之，现在十分迫切的就是两个问题：

　　第一个，德育、美育的课程本身应该加强。

　　第二个，要通过教师专业化建设，加强教师对德育、美育的认识，比如，数学教学也要有审美标准，而不是只有知识标准。

自由与孤独

可能胜过

宿命的飞翔

天堂之路上

鸟们的活法

兴许如此模样

自由

2 / 教师德育专业化：
一个时代的新命题 ①

一、时代命题：为什么要提出"教师德育专业化"

教师德育专业化是一个由时代发展提出的新命题。提出这一命题的理由，有以下三个维度。

首先，"教师德育专业化"是一个历史性的命题。

回顾人类教师教育发展的历史或者整个教育史，我们不难发现：历史上的教师主要有"经验型教师""专家型教师"两种类型。

① 本文为 2020 年 10 月 31 日应邀在"首都师范大学第二届小学德育专业化研讨会"上的发言。录音整理者：首都师范大学初等教育学院 2019 级德育专业硕士生刘程程。文章已经见刊于《中国德育》2021 年第 1 期。

第一种，是从苏格拉底、孔子时代到近代师范教育、教师教育产生的这段漫长的历史时期内，所有的教师，无论是杰出者如孔子、孟子、苏格拉底这样的教师，还是一般的教育工作者，我们都可以称之为"经验型教师"。直到今天，大量的教师仍然属于经验型教师这一类型。

"经验型教师"有一个突出特征，就是他们与学生的关系类似于手工工匠与徒弟的关系，也就是老木匠教小木匠、老铁匠教小铁匠、老裁缝教小裁缝的关系等。直到今天，经验型教师仍一直是"会什么，教什么"的。比如说，（师范）大学物理系的毕业生到中学教物理，小学教育专业语文方向毕业的学生就在小学教语文。其基本的逻辑就是："会什么，教什么。"从这个意义上讲，经验型教师或古代教师和现代教师最大的区别，可能不在学科专业上——尽管现代教师的学科专业方面的知识和能力无论在质或量上与古代社会教师相比都有很大的提高，但是其基本逻辑却是不变的——依然是"会什么，教什么"。

自教师教育（早期称师范教育）产生直到今天，出现了另外一个重要的教师类型或教师职业的发展阶段。教师教育诞生于机器大工业出现以后。机器大工业等所催生的义务教育作为各民族国家的教育政策广泛推行的时候，需要大量的教师。这个时候就开始有了所谓的师范学校、师范教育或教师教育，即让一部分人去师范院校接受专门的训练——为做"专门的"教师作准备。而师范教育从"专业"上说，除了语文、教学等学科专业以外，还包括教育专业，比如教育学、心理学、教育实习、教育见习等。读书人通过学科专业和教育专业两方面的专业学习，成为"专家型教师"，"专家型教师"就此产生。这是人类历史上第二种类型的教师。当然，所谓"专家型教师"的专业程度其实并不一样，过去与现在、现在与未来相比，同一个时期不同教师相比，其专业程度都会差异甚大，但如果将他们与过去的"经验型教师"相比，那现代教师显然更"专业"（尤其是"教育专业"上）或者说更像一个教育方面的"专家"。

迄今为止，在专家型教师里面，能真正做到庖丁解牛那样熟练地掌握学科专业、教育专业的人是凤毛麟角的。不过倘若将专家型教师与经验型教师进行比较，就很容易发现，两者的区别并不在"会什么，教什么"这一学科专业逻辑上。接受过教师教育的专家型教师，跟过去的经验型教师对比，其最大的区别，是多了"教育专业"。随着时代的发展，教师的教育专业性要求在教师教育中的比重不断增加，维度会越来越全面、完整，比如更为自觉地增加在德育专业方面的知能要求，以回应社会不断增长的对于优质教育的需要。也正是在这一大逻辑之下，即从历史的维度来讲，从今天开始教师就不仅要在教学上专业化，而且要在德育上实现专业化。也就是说，以前我们可以是经验型的德育，但随着教师在教育专业这一维度上的专业要求越来越高，教师专业化不仅仅是能够进行专业的教学的问题了。时代发展要求教师有从事德育工作的专业知识和能力。"教师德育专业化"也就自然成为一个时代的命题了。

其次，"教师德育专业化"更是教育的本然性要求。

我经常用"物理老师的课堂里有哪几种德育？"的追问去论证这样一个命题。物理老师的课堂里面存在德育吗？我们一般都认为存在德育，可是很多时候大家都只把它理解为直接的德育。比如，通过物理学家的故事，鼓励孩子学习物理学家献身科学、不折不挠的道德品质等。然而，不可能每节物理课都有物理学家的故事可讲，若刻意讲就显得太生硬了。如果不讲物理学家的故事，纯粹的物理课里还有德育吗？答案是肯定的。在任何一个学科的课堂教学里面，都存在直接的德育、间接的德育和隐性课程意义上的德育。其中隐性课程意义上的德育，指的是教学方法、课堂组织形式、师生互动的方式等方面的教育作用，这些因素都会对儿童的品德成长有生动而深刻的影响。所以，在真实的教育实践中，任何一个学科的教师，都应该认识到自己是一名德育工作者。不管愿不愿意，实际上教师每天、在每一次的课堂教学里都在开展好的或者坏的德育。我在许多场合都一再强调：人人都是德育工作者，这是一个教育的事实，而不仅仅是一种教育的价值。我们之所以提出"教师德育专业化"这一命题，一大原因就在于全部教育都存在教育性，或者说价值性、德育性。我们要让每一位教师都能够自觉地看到这一教育的事实，在从事教学的同时，能越来越自觉、专业、有效地开展德育工作。教师德育专业化是教育事业的本然性的要求。

最后，"教师德育专业化"是对"教师专业化"概念缺损的修复。

从概念缺损的角度讲，"教师德育专业化"命题的提出，是对"教师专业化"这一概念的错误认识所作出的必要回应。"教师专业化"这个概念，在很长时间里、在许多人的脑海里实际上已经等同于教师的"教学专业化"。这显然是不准确的，是一种概念的严重缺损。如果你认真考虑前面我们对教育本然性的分析的话，你就会吓出一身冷汗——"教人"未必是教育（也可能是"教唆"），"教人做好人"才是教育。而当我们把教师专业化等同于教学专业化的时候，在教育实践中必须承担的德育的重要使命、担当就可能会被许多教师忘却或者遗漏，教师在德育上也就只能永远处于"经验型教师"水平了。

因此，无论是从时代的要求、教育本身的要求，还是对"教师专业化"这一概念的完整理解出发，我们都必须确立自觉的教师德育专业化的意识。

二、概念理解：教师德育专业化的维度与内涵是什么

关于教师德育专业化的概念，我的理解可以概括

为以下三个方面。

第一，从类型上讲，教师德育专业化包括德育教师的德育专业化和一般教师的德育专业化这两个类型。

"德育教师"一词并不严谨，实际上是指专门从事德育活动的教师，包括德育课程（如道德与法治课）的任课教师、班主任教师、少先队辅导员、分管德育的德育处主任和校长等。因为他们的主要任务是直接从事德育工作，所以，他们应该对儿童的品德心理，对德育工作的内容，以及德育工作应该遵循的教育与心理的规律等，都有比较专业的把握，这就是所谓德育教师专业化的目标。如果"德育教师"对德育只有经验型的理解，那道德与法治课、班主任工作、德育处的工作等肯定会存在实效性低迷的问题。

教师德育专业化的另一类型指的是全体教师的德育专业化。也就是说，所有在学校从事教育工作的人，除了具备学科专业知识和能力以外，还必须具备从事德育工作所必需的、最基本的德育专业知识、能力和修养，以及自觉、明确地从事德育工作的使命感。这些专业化要求是针对所有教师的，其程度可以比对德育教师的专业化要求低，但仍然是教师德育专业化最重要的维度。如果我们将德育窄化为道德与法治课、班主任工作的话，德育的时空就会非常有限，明智的教育工作者也都不会同意这种对德育概念的非专业理解的。既然德育是"全员、全过程、全方位"的，那就要对所有教师都提出德育专业化的要求。

第二，从内涵上讲，教师德育专业化包括专业伦理、专业知识与技能两个最重要的维度。

任何一个专业的成立，一般都要求具备两个维度：一是要求具备专业伦理，二是要求具备这一专业应该有的、区别于其他专业的知识和能力。

对于教师德育专业化的概念理解，很多人把师德建设看成是教师德育专业化本身。这可能是一个有问题的做法、一个有问题的思维。教师要不要师德？当然要！教师的师德会不会影响教师的德育实效？当然会影响，因为教师在德行上对学生有言传身教的影响。但是，教师有师德，并不等于有从事德育工作的能力，只能说因为教师有师德，所以有在德育上进行身教的优势，但是德育工作的职责范围显然要比身教广得多。

所以，教师德育专业化一方面要求教师有师德，另一方面特别要求所有的教师都具备一定从事德育工作的专业知识和实践能力，而后者往往是很多人理解教师德育专业化的时候所忽略的。目前，在制定教师教育政策的时候，对第二个内涵，即德育专业知识与技能忽略得比较多，以后需要补齐这一短板。

第三，从时间上讲，教师德育专业化是与教师发展相联系的专业发展过程。

教师要实现自己的德育专业化，必须跟自己的整个教师生涯结合在一起。不同职龄的教师在掌握德育专业知识与能力时有不同的需要，以应对不同职业生涯可能面对的实际德育工作。

除了职龄以外，德育专业化发展跟不同学段也有密切的关系。由于教育对象、工作内容的区别，不同学段老师的专业发展跟他自己所需要的德育专业知识与能力也是有非常大的区别的。

总之，教师德育专业化应该纳入我们每个教师的专业发展的进程里面，成为自己专业发展提升的一个非常重要的维度。

三、行动方向：如何实现"教师的德育专业化"

如果我们承认教师德育专业化是重要的，承认它是有道理的，我们也接受它的概念，那我们应该怎样实现教师德育专业化呢？这里我把它分为以下几个紧要的方面。

第一，各级政府可以做什么？

政府应对教师管理、教师教育的制度、政策进行调整。如果教师资格证书的认定和更新里面没有德育专业知识与能力这个维度，缺少德育上的要求，即便我们有"教师德育专业化"这样的共识，从制度建设上讲，仍然存在很大的缺陷。若教师管理的政策不变，教师教育的变革也会因为得不到政策支持而很难实现。因此，国家各级教育行政主管部门都应该在推动教师德育专业化的政策、制度建设上下功夫。

第二，师范院校可以做什么？

师范院校应改革教师教育的课程。首都师范大学在这一点上已经作了非常好的示范。比如首师大的小学教育专业特别有成就、有特色。其中最大的亮点之一，就是在小学教育专业的培养方案中特别强调了所有从事小学教育工作的教师的德育专业能力的培育——这是典型的"教师德育专业化"的努力，全国第一。此外，小学教育专业还在全国率先设置了小学德育专业方向，也是其他高校可以学习的先进经验。首师大的经验证明，实现教师德育专业化，在职前、职后的教师培育上，师范院校大有可为。

第三，中小学校可以做什么？

中小学校应开展校本教师教育课程。中小学教师的培养应该在职前、职后贯彻教师德育专业化这一维度。学校既然可以为学生开发校本课程，就可以为教师开发校本的教师教育课程。如果我们承认教师德育专业化是一个时代的命题，是教育本然的要求，如果我们对教师德育专业化的理解不存在缺损，那么每个学校就应当立即行动，开展校本的教师教育，通过组织教师学习、交流等方式，进行校本的教师德育专业化探索。

第四，与政府、大学以及学校相比，可能更为关键、具有实践意义的是，每位教师可以做什么？

学校开展教师德育专业化的培训，无非是邀请专家作讲座，组织教师阅读、交流等。实际上，每个个体的教师也都可以通过阅读、参加培训以及跟同事交流等方式来自主实现自己的教师德育专业化目标。我国的德育工作，一直受到党和各级政府以及全社会的大力支持，绝大多数教师也都愿意在立德树人事业上尽自己的责任。可是我们花了很多力气、很多时间，德育实效为何一直不高？一个重要的原因在于，现有的德育一直处于经验型德育的状态。经验型德育之所以德育实效很低，背后的原因是从事德育工作的主体绝大多数仍然属于经验型教师这一类型。

总之，除了理论工作者以外，政府、大学、中小学校、每位教师都应该为推进教师德育专业化做一些工作。最后，请允许我用工作汇报的方式结束本次演讲。

2007 年我在《教育研究》上第一次用组织笔谈的方式提出了"教师德育专业化"这个概念。2012 年，又在《教育研究》上发表了一篇很长的文章，叫《再论"教师德育专业化"》。除此之外，我在《中国教育报》《中小学德育》等报刊上对教师德育专业化进行过呼吁。在"教师德育专业化"实践上，我做过的努力包括两类：一个是跟北京市教育委员会的合作。合作的成果有《走向德育专业化——学校德育 100 问》以及《德育的力量——"北京市德育专家大讲堂"实录》这两本著作。后者由我主持的北京市"德育专家大讲堂"活动中很多专家的演讲稿汇编而成。再一个就是跟香港田家炳基金会合作项目的成果《教师德育专业化读本》。这是一个旨在提升教师德育专业能力的活页读本，比较方便老师们阅读，由教育科学出版社于2012年出版。2012年，对我来说是非常重要的一年。除了在《教育研究》上发表《再论"教师德育专业化"》一文以外，我在这一概念的实践落实上的一些初步探索也有了成果。但我个人的水平和力量有限，亟须更多的教育同道一起努力探索。

在"教师德育专业化"这个议题上，首都师范大学的很多同事都是我交流最多、情感最深且实践力最强的一批志同道合的同行者——他们在小学教师德育专业化上已经做出了扎实的努力，也结出了累累果实。所以我特别高兴能够有这样一个机会，应首都师范大学初等教育学院的邀请，来跟大家分享关于"教师德育专业化"方面的心得。希望这个分享未来能够对"教师德育专业化"这一概念的学术研究，以及教师德育专业化理论到实践的更全面、深入的转化尽我的绵薄之力。

时代与逻辑

水一样

风一样

时光正从小径上

悄悄溜走

秋
径

3　　师德建设，
如何迎接一个
物质丰裕的时代？[①]

尊敬的高国希教授、吴颖民教授、各位同行：

下午好。

我今天分享的题目是《师德建设，如何迎接一个物质丰裕的时代》。

我的主要研究领域是"德育"。"德育"在我看来包括两个方面：一个是对学生的，一般称之为德育；另一个是对我们教师自己的，我们教育自己的德育，我们称之为师德建设。

---

① 本文为作者应邀在中国教育学会教师培训者联盟 2020 年会（上海）师德建设分论坛上的发言（2020 年 8 月 27 日）。

这里所谓的"物质丰裕的时代",其实就是大家所说的"新时代"。最近几年"新时代"三个字非常流行,而且按照习近平总书记的说法,我们正在面临一个"百年未遇之大变局"。从我的视角去看,这个物质丰裕的新的时代,可能不是百年未遇的问题,可能是千年万年未遇、历史上(尤其是中国历史上)从未有过的全新时代。

无论过去哪一个朝代,秦皇、汉武,最强的那些朝代,整体上老百姓都没有彻底摆脱贫困全面进入小康,所以小康一直是我们整个社会发展的一个理想。现在大家看PPT中的这个恩格尔系数的图表。恩格尔系数是国际上通行的衡量一个社会或国家富裕程度的指标之一,主要是指居民家中食物的支出占总消费的比重。改革开放之前,我们国家一直属于恩格尔系数大于60%的贫穷国家。而40年的改革开放已经让我们迅速解决了温饱的问题,解决了小康的问题,已经跃进到了"富裕"的阶段——2019年国家统计局的数据显示,我国城乡居民平均恩格尔系数为28.2%,仅就这一数据而言,中国已迈进了物质丰裕的新时代。

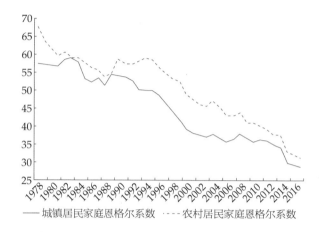

—— 城镇居民家庭恩格尔系数　---- 农村居民家庭恩格尔系数

　　这个新时代，当然会对德育、对师德建设提出新的要求。比如这个时代，我们精神上的需求会空前增加，人民的"优势需要"已经不再是温饱问题。同时，由于大家都接受了教育，越来越多的人进入了中产阶级的行列。所以，无论是教师、家长还是学生，他们对平等、自由、权利、民主与法治的要求会前所未有地提高。一方面，精神需求高；另一方面，社会矛盾大。所以，整个社会的基本矛盾已经由落后的生产力与人民日益增长的物质文化需要之间的矛盾，变成人民对美好生活的需求与发展的不平衡、不充分之间的矛盾了。

对于教育来讲，最值得关切的问题，当是人们正在形成的、新的"优势需要"了。

当然，人们一直会有谋生的需要，马斯洛讲的基础需要肯定还在，会一直是基础，但肯定不再是一个人们迫切要解决的问题。进入物质丰裕的社会，大家的优势需要就变成马斯洛讲的高级需要，比如真善美、自我实现等。对于教育来讲，人们不再只是要求接受教育，而是要求接受优质的教育。同理，在当代社会，我们不能说以后不要教育的工具价值了，而是说教育的本体价值将前所未有地凸显出来。

那么，新时代师德建设会有怎样的变化呢？我觉得最重要的是体现"一个逻辑"和"两条主线"。

一个逻辑是：师德建设要努力贯彻"德福一致"的原则。

"德福一致"是伦理学的一个公理，对于德育尤其重要。因为唯有认可了"德福一致"原则，揭示了"德福一致"的机制，我们接受道德，修养道德，接受道德教育，才有了与个体肉身相关的最为坚实、亲切的理由。

师德建设的理由很多，有外在的动机，有内在的

下编 修炼，从来都是你自己的旅行

163

动机，有基于生存需要的动机，也有生活实践真善美需要的动机。我认为今后师德建设的重点，是要发动教师内在的道德动机、精神需求。师德本身对于教师职业生活意义的获得非常重要，唯有师德修养才能保证他的职业生活是幸福的。所以从本质上说，师德修养其实是一种"为己之学"。在师德建设中一定要努力让教育工作者明白这一点。如此，则师德建设就不仅仅是实效提高，而且是更符合新时代、一个物质丰裕的时代的大逻辑——要求我们对教师有更多的精神关切，更多地从职业意义获得的角度去关切师德建设。正是因为符合了新时代的呼唤、要求和逻辑，我们这个时代的师德建设才可能更为高效。

以上这个逻辑就派生出两个非常重要的命题，一个是"未来教师的幸福是师德修养的最重要理由"。教师幸福一直是师德修养的理由，但随着时代的发展，幸福将是教师师德修养最重要的理由。另一个命题是，"学生的幸福是师德水平最重要的标志"。学生的幸福一直是教师所关注的教育目标。而教育教学实践将越来越表明，学生学习生活的幸福将是衡量师德水平最重要的标志。

关于第一个命题，从逻辑上很容易推论，我不再作解释。关于第二个命题，其实是讲教育事业整体的伦理性质。我要稍作解释。以往的师德建设，我们大都强调教师要遵守这个规定那个规定。我认为琐碎的师德规范虽然非常重要，但是远没有我们对整个教育事业的道德性追求重要。只有当我们上的每节课，乃至我们每天去工作的那个场域，我们的学生都会因此而感到幸福，这样的老师才称得上是一个真正讲师德的老师。在课堂上，如果只是对学生保持微笑、拍拍他的肩膀、上课从不迟到早退，但是在你的课堂里面学生完全体验不到学习生活的愉悦、幸福，无法通过学习获得成就感的话，这样的老师不能称为是一个真正有师德的老师。所以，学生的幸福必将是新时代师德水平最重要的标志，这也是物质丰裕的时代对于教育的要求所决定的。

我非常高兴地看到我们今天邀请了很多一线优秀的校长和老师，我相信他们将是新时代师德的最好的诠释者。下面我期待听各位同行、校长、老师更精彩的分享。

树说

我一直这样
注视着世人
无论多久多冷

唯有你，兄弟
知道我不同于所有的树
就像你自己
孤独在所有的人群中

4 不变的德育 ①
——疫情之下的德育之思

　　新冠疫情发生后，全世界的教育人都在"抗疫"，中国教育界也有许多研究教育如何"抗疫"的成果发表。而我的一个基本认识是：虽然疫情给我们的教育、德育带来了许多新的挑战，但问题的另外一面是，有没有疫情，原来该如何开展德育现在还是得如何开展德育，也就是说：疫情之下的德育，有变与不变两个方面。

　　如果只从"不变的德育"这个视角去看，学校德育，到底要如何"抗疫"？我认为学校德育把该做的

---

① 2020 年 7 月 14 日作者应邀在南京师范大学"疫情之下的道德教育：反思与重构"云端论坛上作发言。2020 年 7 月 20 日回忆整理为此文。

下编
修炼，从来都是你自己的旅行

做好了，就是最好的"抗疫"。具体说来，可以分为"最大"的德育和"最小"的德育两个方面来看。

所谓"最大"的德育，指的是全部学校教育生活，都应该合乎道德、有德育的性质。教育学家赫尔巴特所说的"道德是教育的最高目的"也正是这个意思。今年江苏省出现了两个"可馨"事件[①]，实在令人遗憾。两个"可馨"，意味着我们中国（而非仅仅某一省份）德育的两大问题。其中常州缪可馨小朋友的悲剧，实在是一场最让教育人最为难过的教育伦理的悲剧，我把它概括为"错误的教育观念杀人"。大家回过头去看看缪可馨小朋友被老师勒令反复修改的那篇作文的原稿，可谓心得真实、行文活泼，真是一篇上佳的作文！但是由于老师非要她"传递正能量"，其结果是我们失去了一位"世界上最可爱的天使"……

很显然，教师或者教育的伦理，不仅仅是不迟到、不早退之类琐碎、具体的行为"规范"，最为重要的是我们的日常教学是否合乎教育的伦理：教师是在鼓励

① 许可馨、缪可馨事件经过媒体广泛报道，已经成为社会公共事件。两位当事人的所有信息均可通过网络公开获取。因此本文未作匿名化处理。

孩子，还是在控制孩子？孩子的个性、创造性、学习兴趣等是得到教师的尊重，还是为教师无视、漠视甚或扼杀？全体教育工作者都必须牢记的是：一个不能提升孩子当下学习生活质量的教师，不能说是一个好教师。一种不能尊重儿童主体性的教育，绝不可能是"道德的"教育！

所谓"最小"的德育，实际上是狭义的德育概念，指的是我们学校教育生活里大家称之为"德育工作"的东西——德育课程、班会晨会等，我常常称之为"直接的德育"。这个我们可以用另外一个许姓"可馨"的表现作为分析的案例。从网上广为传播的留学生许可馨的资料来看，许可馨的家境不错。但是一个条件优渥、可以送孩子去美国留学的家庭，一个教育质量整体优良的发达地区（苏州市），是如何培养出了一个从小骂自己同胞为"软骨头"、对抢救李文亮医生骂"抢救你妈 X"，且从小就认为"保护自己最好的方法是培养杀心，在脑内不断想象杀死别人的过程，人有了杀心外表就会有杀气，第一眼就把对手震慑了"的"孩子"？这实在值得全社会，尤其是全体教育工作者深思。

⊙公开

许可馨Nova- ✿
18-8-28 13:59 来自 骚女孩的Android
+ 关注

小时候打架的时候就感受到了，其实决定胜负的往往不是体型，而是心态。有的小孩天生善良，跟人打架还怕把对方打伤，有的小孩心狠手辣，要的就是让对方见血，伤的重他越兴奋。我就是后者，义务教育阶段下重手从来都不觉得愧疚。没有愧疚就没有牵挂，能把固有的攻击力百分之两百地释放出来。
所以我一直觉得保护自己最好的方法是培养杀心，在脑内不断想象杀死别人的过程，人有了杀心外表就会有杀气，第一眼就把对手震慑了。

　　所以我认为，许多教育问题其实是与疫情无关的，疫情只是凸显或者淡化了某些教育本该解决的问题而已。在"最小"的德育方面，我认为中国德育有如下几个当务之急：

　　第一，一定要加强基本道德品质的教育。除了传统的道德教育思路——要教孩子善良、有爱心和同情心等之外，当代德育一定要加上人权教育的视角。让孩子们从心底承认无论贫富、种族、地域等，大家生而平等，非常重要。否则，优渥的生活条件就只会培养孩子高人一等、歧视他人的等级观念和特定阶层的优越感。

　　第二，一定要提升爱国主义教育的实效。许可馨事件让我们再一次见证了我们爱国主义教育实效的低下。

国家认同必须与对有关国家、世界的全部历史和事实建立切实的联系。让孩子认识到国家"伟光正"的同时还存在问题的一面，只会增加孩子们在爱国主义认知上的免疫力；辩证、全面地看待国家与世界的关系，也一定会帮助年轻一代成为真正"大写的"大国公民。新时代爱国主义教育一定要有新时代的气质。

第三，一定要强化媒介素养和批判性思维的培育。新冠疫情期间，教师、学生、全社会都已见证了"全媒体时代"社会成员对于媒介素养和批判性思维的迫切需求。网络上许多消息一再翻转，让人无所适从。网络论战中许多宣称"有批判性"的人在讨论社会问题时往往立场先行、完全不讲逻辑与事实。因此，如何提高所有社会成员的媒介素养，如何教育我们的学生正本清源，准确理解、把握批判性思维这一概念本身十分关键。诚如当代最伟大的教育学家之一内尔·诺丁斯（Nel Noddings）教授所言——批判性思维"通常被表述为一个中立、质疑、分析的过程""批判性思维在公共领域运用的首要目的，在于思考并评价由争议性问题导致的争论。这需要对意义和理解做连续不断的探寻，其目的并不在于赢得辩论，而在于理解基于不同立场的各种说法，或许，还能进一步找到争论的核心以便开启合作。运用批判性思维旨在为增进健康的人类关系、对强有力的参与式民主生活作出贡献"。[①] 时代发展呼唤媒介素养教育和批判性思维的培育，教育工作者责无旁贷。

总之，疫情是一时的，而教育是恒常的。以平常心看待风起云涌，将不变的德育与变化的德育、大德育和小德育都做好，才能真正做到教育、抗疫两不误。让我们一起努力！

---

① Nel Noddings and Laurie Brooks：*Teaching Controversial Issues：the Case for Critical Thinking and Moral Commitment in the Classroom*，Teachers College Press，2017：1.

秋的作业

就写在

青空

秋

5　教育学，
　　教师宜读三种书

　　很多中小学校长、老师听说我是教育学教授后，常常满怀希望地请我能提供一份供一线教师阅读、进修的书目。多数情况下我都惶惶然不敢多言。原因是：这看似简单的任务，要完成好，其实并不容易。

　　我曾应约写过一篇短文《"好教师"应有的三种修炼》(《北京教育》2020年第12期)，主要观点是：所谓"好教师"，一定要在学科专业上不断提高，更要在教育专业上不断精进；好教师不仅应该"专业"，还必须成为一个全面发展或者"不那么专业"的"通才"，成为一个能够展现世界和人的完整性、承担起培育自由而全面发展的一代新人这一神圣责任的伟大智者。故努力追求广博的知识结构、良好的学科专业素养、完善的教育专业素养，是"好教师"应有的三种修炼。此三种修炼中，仅仅"广博的知识结构、良好的学科专业素养"所应涉猎的书目，恐怕就已经是海洋一样的存在了。若加上每位教育工作者应有的个性追求，所谓的"教师阅读书目"基本上就是只有神仙才能开列的了。

当然，我既然在教育学领域长久任教，在"完善的教育专业素养"一维，总有些个人体会，可以抛砖引玉。而以我之见，若限定在教育学领域，教师可以循序渐进地开展如下三种类型的阅读。

第一种：经验的教育学阅读

对于许多刚刚进入教育学学习领域的老师来说，最为亲切的往往是那些感性、优美、深入浅出的教育思想的言说。故"经验的教育学阅读"应当是教育学学习的初阶。

经验的教育学，并非"低级"的教育学。从孔子、苏格拉底、洛克、卢梭一直到今天，人类许多最伟大的教育思想都蕴藏在经验的教育学论述之中。现当代，这一类经典作品更不少见。比如：苏霍姆林斯基的《帕夫雷什中学》、尼尔的《夏山学校》、小原国芳的《小原国芳教育论著选》、黑柳彻子的《窗边的小豆豆》等。国内教育名家中，魏书生、李镇西、李吉林等人的作品也深受广大一线教育工作者的追捧。

经验的教育学著作，多出自富有丰富教育实践经验的教育家。这类作品最突出的长处有二：一是教育智慧与教育生活的日常水乳交融，二是表达方式上常常一针见血、酣畅淋漓，不故作高深、忸怩作态。比如："我相信道德教育使孩子变坏。我相信，如果将一个孩子所受的道德教育去掉，他就会变成一个好孩子。"（《夏山学校》）"有经验的低年级的教师总是力求使儿童从他入学的初级阶段起就成为知识掌握过程的积极参与者，力求使世界的揭示过程给孩子们带来深切的、无与伦比的快乐、兴奋……"（《帕夫雷什中学》）"一个真诚的教育者同时必定是一位真诚的人道主义者。一个受孩子衷心爱戴的老师，一定是一位最富有人情味的老师。只有童心能够唤醒爱心，只有爱心能够滋润童心。"（李镇西《爱心与教育》）

这些优美而深刻的文字，当然最能打动深爱教育的同行。但是经验教育学在情感宣泄的同时，也有可能有某些从事严谨学术研究的人所无法接受的东西，散文笔法往往在逻辑上存在漏洞。比如"如果将一个孩子所受的道德教育去掉，他就会变成一个好孩子"的本意是批评"坏的"道德教育，但在逻辑上却将所有形式的道德教育（包括尼尔自己的自由主义道德教育范式）都一概否定了，肯定是太过偏激的表述。当然，熊掌与鱼不能兼得，经验教育学阅读能够引领大家进入教育学作品的阅读，激起大家对教育活动反思、探究、建构的兴趣，就已经是大功告成了。不过教育同仁应当注意的是，既然这些感性、优美的文字可能有思考不周全的地方，你就不能只有这一类的阅读，你就得超越感性、经验走向相对理性、逻辑，也可能相对枯燥的学科的、学术的教育学阅读。

第二种：学科的教育学阅读

所谓"学科的教育学"，其实就是"教材"意义上的教育学。教科书的一大好处，是能将某一个学科领域较为稳定的经验、思想、研究成果以"基础知识"

的方式汇集起来，极为方便读者形成该学科较为全面的"思想地图"。不过教育学是一级学科，单教育学本科专业课程就有好几十门。若要求一线教师将这几十门教育学科的教科书都通看一遍，显然是一个太过艰巨也未必有必要完成的任务。好在教师的日常工作需要决定教师的阅读。若从这个线索去开列教育学教科书的阅读书目，就会相对简单起来。一个在中小学从教的教师，主要的工作可以归为两个方面：一个是"教书"，也就是教学；另一个是"育人"，核心是德育。故"学科的教育学"阅读，不妨先从这两个领域开始。

在课程与教学领域，有两类教科书是教师必读的。一类是有关课程论、教学论的著作。我个人过去阅读体验比较好的，有施良方的《课程理论：课程的基础原理与问题》、王策三的《教学论稿》、陈佑清的《教学论新编》等。另一类是同课程与教学活动直接关联的心理学教材。如大卫·谢弗（David Shaffer）的《发展心理学》、吴红耘、皮连生主编的《学与教的心理学》、刘儒德的《教育中的心理效应》等。21世纪以来，课程、教学改革风起云涌，一线教师们疲于应付的任务之一就是无休止的教改培训。须知课程、教学改革的许多"时代要求"对于教育学科来说，只不过是教育学基本原理或者教育学专业常识的应用。与其反复参与一些使人昏昏的专家讲座，不如静下心来系统阅读一些教育学教科书。倘使我们能够从课程、教学的原理上明白更多，我们对新课改任务的理解、反思、创造性实践，当然就会容易很多。

关于德育，记得曾经有一线老师问我：在学科教学里，我到底应该如何做德育？因为当时时间太紧、一两句话作答太过敷衍，我只好笑笑对他说：你先看我那本《德育原理》试试？因为关于德育在课程里存在的一些基本问题，在《德育原理》教科书里已经有初步的建议，只是因为我们过去只是中文系、数学系毕业的，只学习过学科教学法而对教育学的其他基础知识如德育原理没有涉猎过而已。除了《德育原理》，哈什（R. H. Hersh）等著的《德育模式》、杨韶刚的《西方道德心理学的新发展》等也都是不错的著作。但鉴于立德树人的工作最为复杂，德育是一个需要跨学科研究的领域，若希望对德育有更深、更广的理解，教育界的同行可能还要跨学科阅读品德心理学、社会心理学、个性心理学以及伦理学、政治学、社会学等领域的教科书。

除了课程教学、德育原理，教师还应当加强教育思想史、教育哲学、比较教育以及教育伦理学、教育法学等方面的阅读，而这一阅读也应当从教科书开始。

教科书是基础，但是已知世界。而作为人类最为复杂也最为高级的实践活动，教育生活势必会面临许多未知世界的挑战。且教育工作者对于自己的工作既要知其然，又要知其所以然，更要探索美好事业的无限可能性。因此，教育学不仅应该成为广大教师的学习领域，更应该成为我们探索、创新的研究领域。故在"经验的教育学阅读""学科的教育学阅读"的基础之上，有更高追求的教育家就应当有第三种阅读——"学术的教育学阅读"。

第三种：学术的教育学阅读

倘若"学科的教育学阅读"可以因工作任务的标准简化为教学、德育两大类，有一些最基本的书目可列，则"学术的教育学阅读"可能就没有开列普适书目的可能了。因为进入"学术"或者研究层次后，读者的课题是具体的，兴趣是个性的。唯一可以一说的，就是研究兴趣与阅读兴趣的统一性了。

譬如，如果你对教育的敏感性有兴趣，你就必须阅读马克斯·范梅南《教育的情调》。在这本著作里，范梅南指出："一位机智的教育管理人员应该知道该说什么和不该说什么，什么该提什么不该提。教育的敏感性和教育机智是一个教育管理人员进入孩子的体验世界的能力。"须知"知道该说什么和不该说什么，什么该提什么不该提"的"教育的敏感性和教育机智"对于所有教育工作者而言都是确保对于孩子的"教育爱"之有效实现以及教育独特性的不二法门——"教师应该是一个懂得孩子的体验，懂得如何运用知识，懂得如何教会孩子去学习、去生活的成年人。这样的教师应该具备一种临场的机智和多谋善断，能够就地行动，积极地分辨对某一个具体的孩子什么合适，什么不合适。"

不过，《教育的情调》是一种现象学写作，若要深入理解这些看起来十分感性、类似于经验教育学的学术作品，你就应该去追问什么是现象学教育学。而除了《教育的情调》，范梅南的作品还有《教学机智——教育智慧的意蕴》《生活体验研究——人文科学视野中的教育学》《儿童的秘密——秘密、隐私和自我的重新认识》（与巴斯·莱维林合著）等，可供我们进一步阅读。

再举一例，若有老师对关怀（关心）教育感兴趣，你就得阅读内尔·诺丁斯的著作。内尔·诺丁斯最重要的命题是"关怀是一种关系"。因为关怀并不是一种事先就存在的事物，关怀只会发生在关怀关系之中。若教师或者任何人只是在单方面"想"关怀一下他人，或者只是单方面按照自己的想象去开展所谓"关怀"他人的活动，关怀十有八九不会真实发生。许多在关怀上失败的教师、家长常常抱怨说，自己为孩子"操碎了心"，孩子们却一丁点都不领情，所以孩子都是"白眼狼"。殊不知，问题并不出在被关怀的孩子身上，而在于教育者自身的所谓关怀并没有建立在真正的"关怀关系"之上。一个不能设身处地站在对方（被关怀者）立场上想问题的人，断断不能真正理解、切实感动、有效帮助到对方；而不能让被关怀方"有获得感"的人，是不可能实施真正有效的关怀的。

已经耄耋之年的诺丁斯教授是开宗立派的教育哲学家，公开出版的著作已经有 20 多种，翻译成中文的也有十余种。若老师们无法有太多涉猎，至少也应该阅读她的《关心：伦理和道德教育的女性观点》《学会关心——教育的另一种模式》《幸福与教育》《21 世纪的教育与民主》等。

自然，研究兴趣与阅读兴趣的统一性及其所决定的书目不可能是一成不变的。随着阅读、思考、研究的逐步深入，我们的阅读书目就会自动"滚雪球"。但无论阅读的雪球滚多大，书目的开列者都只能是读者自己——一个真正的研究型、专家型的教师了。

以上是我个人关于教师阅读的一孔之见，具有强烈的个人主观性。不过谁都是个人主观性地推荐阅读书目的。北京大学陈洪捷教授曾经告诉我说，美国、德国教育学界都曾列举过 20 世纪（100 年）100 本教育学经典著作，结果是 99 本都不一样，只有 1 本著作相同——那就是杜威的《民主主义与教育》。

索性彻底贯彻这一"强烈的个人主观性"，我在这里也特别邀请有缘的教师同行阅读我个人的学术作品如《德育美学观》《信仰教育与道德教育》《公民教育引论》《劳动教育论要》，以及我主编的《教育思想的花园》。《德育美学观》等作品虽然有些学究气，但是都讨论了教育领域一些深层次的理论问题，也有属于自己的学术主张。一些主张如"美学是未来的教育学""公民教育是教育的全部转型""劳动教育的核心目标是价值观教育"等，都是克服教育弊端、提升教育质量的时代主张。而《教育思想的花园》，则是我主持的博士生课程的"教学"成果——陈桂生、陈洪捷、郑新蓉、石中英、金生鈜教授等20多位国内教育理论大家和中青年研究者在北京师范大学讲堂上给博士生开讲的讲稿或相关文稿的汇集。所有文稿均按照研究问题的逻辑编排，在结构上分为"教育学与教育的元研究""教育的现实问题与时代课题""教育学的历史、文化与比较思维"上中下三篇。先有教育学及教育问题的元研究，再有对于若干重要教育问题的理论分析，最后再回到教育研究之历史、文化、比较的视角，实际上意味着对教育理论研究的回望、鸟瞰与反思。所以我在该书的序言里由衷地说："由于思想云集、精彩纷呈，我相信说本书是一座'教育思想的花园'绝非虚言。我非常乐意邀请所有对教育理论有兴趣的读者尽情徜徉其间。"

最后，我特别想说的是：我本人在大学毕业后在老家一所完全中学工作过八年，教过初一到高三，做过五年高三班主任，也曾经是一位小有成就的中学"一线教师"。后来读硕士、博士、博士后，留校工作，又在大学做"一线教育工作者"逾25年。因此，由衷希望以上关于教育学阅读书目的讨论，是一次教师对教师的同行间最美好的学习心得的交流。

　　2021年2月27日、3月1日于京师园三乐居

　　发表于2021年3月24日《中国教育报·读书周刊》

　　（题目改为《教育学书籍阅读的"三重门"》）

下编

修炼，从来都是你自己的旅行

人生如墙面

粗糙

情谊如灯红

妙好

墙面

6 / 教育基本理论建设的时代使命 ①

李东社长及各位专家、各位好朋友：

感谢大家的光临。由于大家可能已经知道的原因 ②，我今天只能书面发言了。原因是我怕发言时乱了头绪，太过失礼。

我今天最想表达的，当然是对大家两点最诚挚的谢意。

一是要真诚感谢各位专家（在场和不在场的）。感谢各位对于北京师范大学"教育基本理论研究前

---

① 本文为作者在"教育基本理论建设的时代使命"学术研讨暨《教育思想的花园》新书发布会上的发言（2020年12月26日）。《教育思想的花园：教育基本理论前沿讲座》一书，已由教育科学出版社于2021年10月出版。

② 本人的恩师鲁洁教授于2020年12月25日与世长辞。

下编
修炼，从来都是你自己的旅行

沿"这门博士生课程的大力支持。我个人自问是比较认真地对待自己的教学的，因此这门博士生课程，我不遗余力地邀请各位能够在教育基本理论上给年轻一代以思想、理论、思维、文化滋养的杰出学人来到我们北京师范大学的讲堂。倘若各位老前辈、好朋友不能热情支持，课程的初心就难以实现，质量当然就会大打折扣。所以借这个机会我谨代表本课程受益的所有博士生、旁听者，更要以我个人的名义由衷地感谢大家！

二是要诚挚感谢李东社长为代表的教育科学出版社及出版社的各位好朋友。教育科学出版社是一个以教育学术出版为突出特色的优秀出版社。我的几本代表性个人专著都在贵社出版，是我一生最为珍视的荣誉之一。与我有密切关联的诺丁斯、范梅南等国际友人的著作能够在贵社出版并产生重要影响，也是我最为得意的人生美好。而作为一个教育基本理论研究者、一个教育理论图书的读者，我更是对教育科学出版社出版的大量优秀学术成果心存感激——因为那些最美好的学术成果是滋养我们的精神食粮，也是推动我们在事业上不懈努力的内在动力之所在。

今天我们手上的这本《教育思想的花园：教育基本理论前沿讲座》，可谓一本奇妙的书。实际上有许多教育的奇迹已经发生，比如那些曾经让孩子们和我自己屏住呼吸的、在教育思想上给人以重要启迪的美妙瞬间，又比如同一本书里汇集了陈桂生、黄向阳、丁道勇老师三位有直接师承关系的三代教育学人的作品……

所以，对于出版社，对于各位同行，为了这本书已经和即将成就的"幸福的再生产"，作为课程的主持人或本书的主编，除了"感恩"，我实在找不到别的更合适的词汇去表达我此刻的心情了。

今天最主要的任务是以"教育基本理论建设的时代使命"为主题的学术研讨。我也借此机会对这一命题提出两点自己的认识，以便抛砖引玉——

第一，教育如何迎接一个物质丰裕的新时代？无论如何有不同的评价标准，中国社会实际上已经进入了一个物质上相对丰裕的新时代。

那么"物质丰裕的新时代"对于教育来说意味着什么？从个体角度来说，意味着"优势需要"的转移——人们接受教育的逻辑会发生改变，人们不仅仅为生计，而是为更多地追求个性自由、人生意义而来到学校。这已经是一个历史的大趋势，而教育如何面对这一大趋势是当代中国教育基本理论必须直面的时代课题。与此同时，从社会角度来看，物质相对丰裕可能意味着中产阶级或阶层队伍的逐步扩大，而中产阶层，会有更多的人权观念、权利意识、参与诉求，更多的"高级"或精神需要。教育如果继续装聋作哑，不积极回应这些需求，我们就会因脱离时代发展的实际而自找苦吃。因此，我以为，诸如人权教育、公民教育、法治教育、人类命运共同体教育等议题，将越来越成为教育基本理论关切的重点。

第二，教育基本理论如何平视世界、建构自己？

我们曾经长期傲视世界，也曾经长期仰视他人。历史发展常常曲折、反复，平视世界、建构自己并不是一件容易的事情。今天，中国与世界都面临一个"百年未遇之大变局"。当代中国人，尤其是中国学者，可能有平视世界这样一个宝贵的机遇。

昨天我收到陈洪捷教授和我共同的朋友、德国教育人类学家克里斯托弗·乌尔夫（Christoph Wulf）的一本著作的电子版。那本书是研究欧洲与南亚的（自然）科学和科学化的。书还没有来得及仔细看，光浏览目录就觉得有意思的是：全书上篇研究印度的"（自然）科学化和科学主义"，下篇却研究"欧洲历史与自然科学的哲学与人类学基础"。于是我就想：印度是一个文明古国，为何就没有像欧洲一样的"自然科学的哲学与人类学基础"呢？

中国也是一个文明古国，我们的教育、文化、科技的发展在很长时间里曾经是以"内循环"为主的。明清以来，尤其是经过"五四""文革""改革开放"，再到目前这样一个以中美对抗为突出特征之一的"新时代"，我们看待外部世界的眼光从俯视、仰视到逐步平视，历史的进步与机缘十分难得。中国教育基本理论如何平和地自处——既不狂妄自大，动辄建立中国流派，又不至于妄自菲薄，忘记中国教育理论的文化根基，实在是一个极其严肃又艰巨的任务。作为北京师范大学教育基本理论研究院的一员，我只能严格要求自己，同时也告诫我在座的北京师范大学的同事们，努力平视世界，做一个开放、自信、真诚的教育基本

下编　修炼，从来都是你自己的旅行

理论研究者。

今天刚好有这样一个最好的机会，就以上这两个议题求教于各位教育学的大家。谢谢各位！

2020 年 12 月 25 日于京师园三乐居

人生就是

在大地上创作

这些

雪地上的脚印

脚
印

7 / 修炼，从来都是
你自己的旅行
——致青少年读者 [1]

　　劳动，是人生最为重要的修炼之一。这是我最想对本书读者说的话。

　　学校、家庭里的课业修习，是青少年最日常的生活。里面有许多收获的愉悦，也一定有不少学习的艰辛。由于青少年学习较多的是书本知识，再加上课业紧张无暇他顾，课本上的间接经验常常会与我们丰富多彩的窗外世界脱离开来因而显得枯燥乏味——就像一枚枚脱离了枝干、日渐干枯的秋叶。倘若我们挤出

---

[1]　本文为劳动教育读本《你不全知道的劳动世界》的序言。《你不全知道的劳动世界》已经由中国劳动社会保障出版社于 2020 年 10 月出版。

点时间去"劳动"呢？浇坏了阳台上的花草，自会让你去探究水对不同植物生长的作用；为教室换个灯泡，也能让你的电学知识通过学以致用而获得其生活的价值；若你再选择去做一次社区的志愿者，服务性劳动的复杂性兴许马上就会让你反思自己未来学习需要补强的方向……

劳动，不仅会让我们发现、欣赏一切知识的源头活水，不仅会让我们所有的学习都更富有生命的活力，最为重要的是：劳动的修炼，会让我们学会挺起胸膛、选择创造性的人生，拒绝不劳而获、剥夺他人的罪孽。劳动的修炼，更会让我们看到这个世界之所以无比美好，其最大秘密就在于无数劳动者默默无闻的奉献。当我们学会平等、尊重地对待每一个为社会和谐运行认真付出的普通劳动者时，当我们发自内心地礼赞每一位为世界文明进步贡献良多的脑力劳动者时，当我们开始思考一个更加善待劳动者、更加公平正义的社会，当我们认真探索、慎重选择最有意义的人生时，我们就会知道，劳动的修炼是多么的必不可少！

劳动，是一个最常用、最普通的词汇。而所有最常用或普通的词汇，都是耳熟能详、无比重要，但又未必能轻而易举地让我们完全、真正把握的概念。

所以，拂去帝王将相留下的尘土，我们才能看清劳动者在历史发展中应有的位置。

所以，拆解劳动世界的万花筒，我们才能客观看待、准确评估不同劳动形态的价值。

所以，看清有形、"隐形"的贡献者，才会有真正公正的心态。合格已不简单，敬业更是伟大，而超越自我的劳动者才能获得最高价值的人生！

今天我们靠他人的劳动奉养，未来我们必是劳动创造的主人。但为未来所作的最好准备，可远远不只是埋头学习那么简单……

本书之所以取名《你不全知道的劳动世界》，就是希望陪伴你一起走进、一起探究你天天打交道又不完全了解的劳动王国。

现在，书就在这里，我们（作者们）也随时恭候，但你一定知道——

修炼，从来都是你自己的旅行！

时代与逻辑

所谓人生

不过是在季节里穿行

散步偶得

8 // 关 怀 与 幸 福 都 不 是
容 易 的 事 情
—— "小学生生命关怀书系"序言

　　李唯校长和她的同事们秉承"生命关怀为本，幸福发展至上"理念所编著的"小学生生命关怀书系"[①]即将出版，可喜可贺。李校长嘱我写序，我对这套书系所关涉的主题也十分感兴趣，特赘言如下两点体会，以作交流。

一、关怀的关键在于关怀关系的建立

　　主张教育要以"生命关怀为本"是非常正确的。

---

① "小学生生命关怀书系"共有 6 册，已于 2022 年由中国大百科全书出版社、知识出版社出版。

但是广大教育工作者需要谨记在心的是：关怀的关键在于关怀关系的建立。

关怀并不是一种事先就存在的事物，关怀只会发生在关怀关系之中。美国著名教育哲学家内尔·诺丁斯所言"关怀是一种关系"，最大的理论贡献即在这里。若教师或者学生只是在单方面"想"关怀他人，或者只是单方面按照自己的想象去开展所谓"关怀"他人的活动，关怀十有八九不会真实发生。许多关怀失败的教师、家长都抱怨学生说，自己为孩子们"操碎了心"，孩子们却一丁点都不领情，所以孩子都是"白眼狼"！殊不知，问题并不在学生，而在教育者自身的所谓关怀并没有建立在真正的"关怀关系"之上。一个不能设身处地站在对方（被关怀者）立场上想问题，不能真正理解、切实感动、有效帮助到对方，不能让对方"有获得感"的人，是不可能实施有效关怀的。

所以，重点不是要不要关怀，而是如何实现有效的关怀。关怀教育不是单方面的认知、情感的品德培育，关怀能力提升的关键在于培育关怀者实现"动机移置"（设身处地）、建立关怀关系的意识、情感与能力。

二、幸福生活是对肤浅快乐的超越

幸福生活是人生的终极追求，当然也是教育的根本目标。"幸福发展至上"的理念也是完全正确的。但理解幸福的关键在于：幸福生活应当是对肤浅快乐的超越。

在日常生活里，许多人将幸福与快乐相等同。喝一瓶啤酒也"幸福死啦"，故儿童的幸福有可能就是满地撒欢那种令人感动的感性的"欢快"。如果这样理解幸福，幸福的教育就会让孩子在肤浅的快感中沉沦，真正的教育永远都不会发生。

应该承认，完整的童年是需要"快乐"，包括游戏等感性的快乐的。但教育最要提供的，不是肤浅的快乐，而是精神的愉悦。"幸福发展"一方面是身心健康、劳逸结合、自由个性意义上的"全面发展"，另一方面，也许更重要的应当是：孩子通过教育愉快学习，进而获得精神上的享用——孩子们当下就能获得对已有人类文化的欣赏、掌握的愉悦，更有创造新文化、推进新文明的幸福。因此，教育活动追求内容与形式上的实质"美感"十分重要。因为在对教育内容与形式之美的欣赏中，孩子们获得的一定是精神意义上的幸福感。

"小学生生命关怀书系"全书尚未看到。由衷希望这套书系对"生命关怀为本，幸福发展至上"理念的用心坚持能够对有相同追求的教育界同仁有借鉴意义。

2021 年 2 月 24 日于京师园三乐居

发表于 2021 年 3 月 2 日"第一中国出版传媒网"

下编

修炼，从来都是你自己的旅行

图书在版编目（CIP）数据

时代与逻辑：檀传宝教育随笔／檀传宝著.
—上海：华东师范大学出版社，2023
ISBN 978-7-5760-3747-0

I.①时 ... Ⅱ.①檀 ... Ⅲ.①教育工作—文集 Ⅳ.① G4-53

中国国家版本馆 CIP 数据核字（2023）第 043019 号

大夏书系 ∣ 教育新思考

时代与逻辑——檀传宝教育随笔

著　　者	檀传宝
策划编辑	朱永通
责任编辑	张思扬
责任校对	卢风保
内文插图	杨　坤
装帧设计	奇文云海·设计顾问
出版发行	华东师范大学出版社
社　　址	上海市中山北路 3663 号　邮编 200062
网　　址	www.ecnupress.com.cn
电　　话	021-60821666　行政传真 021-62572105
客服电话	021-62865537
邮购电话	021-62869887
地　　址	上海市中山北路 3663 号华东师范大学校内先锋路口
网　　店	http://hdsdcbs.tmall.com/
印 刷 者	北京博海升彩色印刷有限公司
开　　本	890×1240　32 开
印　　张	6.75
字　　数	100 千字
版　　次	2023 年 5 月第一版
印　　次	2023 年 5 月第一次
印　　数	6 100
书　　号	ISBN 978-7-5760-3747-0
定　　价	59.80 元
出 版 人	王　焰

（如发现本版图书有印订质量问题，请寄回本社市场部调换或电话021-62865537联系）